# Assessoria de imprensa

Dados Internacionais de Catalogação na Publicação (CIP)
(Câmara Brasileira do Livro, SP, Brasil)

Ferraretto, Elisa Kopplin
Assessoria de imprensa: teoria e prática / Elisa Kopplin
Ferraretto, Luiz Artur Ferraretto. – 8. ed. São Paulo: Summus,
2018.

ISBN 978-85-323-0528-2

1. Imprensa 2. Jornalismo - Estudo e ensino 3. Jornalismo - Manuais
4. Jornalismo - Técnica
I. Luiz Artur, Ferraretto. II. Título.

09-04187  CDD-070.4

Índice para catálogo sistemático:
1. Assessoria de imprensa: Jornalismo 070.4

Compre em lugar de fotocopiar.
Cada real que você dá por um livro recompensa seus autores
e os convida a produzir mais sobre o tema;
incentiva seus editores a encomendar, traduzir e publicar
outras obras sobre o assunto;
e paga aos livreiros por estocar e levar até você livros
para a sua informação e o seu entretenimento.
Cada real que você dá pela fotocópia não autorizada de um livro
financia o crime
e ajuda a matar a produção intelectual de seu país.

# Assessoria de imprensa
## Teoria e prática

Elisa Kopplin Ferraretto
Luiz Artur Ferraretto

*ASSESSORIA DE IMPRENSA*
*teoria e prática*
Copyright © 1993, 2009 by Elisa Kopplin Ferraretto e Luiz Artur Ferraretto
Direitos desta edição reservados para Summus Editorial

Editora executiva: **Soraia Bini Cury**
Editoras assistentes: **Andressa Bezerra e Bibiana Leme**
Capa: **Alberto Mateus**
Projeto gráfico e diagramação: **Luargraf Serviços Gráficos**
Impressão: **Sumago Gráfica Editorial**

**Summus Editorial**
Departamento editorial:
Rua Itapicuru, 613 – 7º andar
05006-000 – São Paulo – SP
Fone: (11) 3872-3322
Fax: (11) 3872-7476
http://www.summus.com.br
e-mail: summus@summus.com.br

Atendimento ao consumidor:
Summus Editorial
Fone: (11) 3865-9890

Vendas por atacado:
Fone: (11) 3873-8638
Fax: (11) 3872-7476
e-mail: vendas@summus.com.br

Impresso no Brasil

# Sumário

*Apresentação* ....................7

1. CONCEITOS BÁSICOS....................11
   - Delimitação de funções...................12
2. ORIGENS E DESENVOLVIMENTO...................21
3. A CONDUTA ÉTICA DO ASSESSOR DE IMPRENSA...........29
4. PLANEJAMENTO...............................34
   - Planejamento, políticas, planos e estratégias...........35
   - Etapas do planejamento.....................36
   - O *checklist*................................37
   - A estrutura do plano........................40
5. ASSESSORIA DE IMPRENSA A SERVIÇO DA SOCIEDADE........45
   - Assessoria de imprensa e capital (jornalismo empresarial) ...46
   - Assessoria de imprensa e trabalho
     (jornalismo de assessoramento sindical).............48
   - Assessoria de imprensa e Estado
     (jornalismo de assessoramento político).............50
   - Assessoria de imprensa e cultura/entretenimento
     (jornalismo de assessoramento cultural) ...........53
   - Assessoria de imprensa e terceiro setor (jornalismo
     de assessoramento a organizações não governamentais).....55
6. O ASSESSORADO E A IMPRENSA...................57
7. INFRAESTRUTURA DE UMA ASSESSORIA DE IMPRENSA.......64
   - Espaço físico..............................65
   - Recursos materiais.........................65
   - Recursos humanos..........................68

8. TÉCNICAS DE REDAÇÃO EM ASSESSORIA DE IMPRENSA ....... 70
   - Relise .................................... 70
   - O relise e os gêneros jornalísticos .............. 90
   - O tratamento da informação ................. 92
   - O relise para veículos impressos ................ 94
   - O relise para veículos eletrônicos: rádio ........... 103
   - O relise para veículos eletrônicos: televisão ......... 107
   - O relise para veículos eletrônicos: internet ......... 109
9. ORGANIZAÇÃO DE ENTREVISTAS COLETIVAS ........... 112
   - Convocação ............................. 113
   - Estrutura .............................. 114
10. MAILING LIST E PROCESSO DE DISTRIBUIÇÃO .......... 117
    - O processo de distribuição .................. 118
    - A divulgação de eventos ..................... 119
11. PRESS KIT E OUTROS PRODUTOS E SERVIÇOS .......... 122
    - Elementos de um *press kit* .................. 122
    - Outros produtos e serviços .................. 124
12. CONTROLE DA INFORMAÇÃO ................... 126
    - Taxação ............................... 126
    - Relatório de atividades .................... 128
13. PRODUÇÃO DE *HOUSE ORGANS* .................. 130
    - Funções da mensagem ...................... 131
    - Planejamento ........................... 132
    - Impressos e on-line ....................... 133
    - Radiofônicos e televisivos ................... 134
    - Recursos e custos ........................ 135
    - Plano ................................ 136
    - Conteúdo e linguagem ..................... 140
    - O *house organ* impresso .................... 142
    - O *house organ* on-line ..................... 145
    - *House organs* radiofônico e televisivo ............ 147

*Referências bibliográficas* ......................... 149
*Glossário* ................................... 153

# Apresentação

A intensidade e a velocidade das mudanças caracterizam de forma marcante a sociedade atual. Parte indissociável – e essencial – desse processo, a comunicação também se moderniza constantemente. Modificam-se, de um lado, os veículos, os processos, as rotinas de trabalho e a realidade de mercado relativa aos diversos meios de comunicação. Alteram-se, de outro, as necessidades de diálogo entre empresas, órgãos públicos, instituições, personalidades e seus diferentes públicos, assim como as demandas destes em relação àqueles. Sendo assim, não poderia ficar imune a tantos avanços a atividade que possui justamente a atribuição de aproximar as fontes, que têm algo a informar, dos veículos de comunicação, que se dedicam a levar notícias ao público: a assessoria de imprensa.

De fato, a função de assessoria de imprensa tem sofrido relevantes modificações ao longo dos últimos anos. Uma delas diz respeito à alteração do perfil do assessor, que, cada vez mais, deixa de ser alguém que entulha as redações com incontáveis e insípidos relises, movido apenas pela ânsia de ver as notícias de seu assessorado divulgadas, para se transformar em mediador e facilitador da circulação de notícias relevantes e interessantes, beneficiando dessa forma tanto os assessorados, que passam a contar com melhores resultados, quanto os jornalistas, com um apoio efetivo e eficaz.

Outra evolução significativa está relacionada a aspectos tecnológicos. Muitos têm sido os avanços implantados, nessa modalidade, por jornais, revistas, emissoras de rádio e de televisão. Isso sem falar em todas as novas possibilidades introduzidas pela rede mundial de computadores. Coube à assessoria de imprensa, para se manter como atividade útil e competente, acompanhar tais avanços, adaptando-se às novas demandas e necessidades dos veículos de comunicação e também dos assessorados, que, igualmente, estão exigindo dos assessores crescentes e variadas habilidades.

O mercado, como um todo, tem sido outra instância de grandes mudanças. As inovações tecnológicas e a diversificação dos veículos de comunicação não necessariamente têm correspondido ao aumento dos postos de trabalho nesse segmento, o que leva cada vez mais jornalistas – do acadêmico que procura seu primeiro estágio ao profissional experiente em busca de novas oportunidades – a encontrar na assessoria de imprensa uma alternativa de trabalho. Ao mesmo tempo, as exigências técnicas, logísticas e éticas do processo de comunicação, estranhas aos leigos e reconhecidas como importantes e necessárias para a obtenção de bons resultados, fazem que empresas, instituições e personalidades dos mais diversos segmentos não abram mão do apoio de profissionais capacitados a conduzir o trabalho na área.

Com tudo isso, mudam também os cursos universitários responsáveis pela formação de jornalistas, que cada vez mais se preocupam em inserir, em sua grade curricular, disciplinas e projetos voltados especificamente à assessoria de imprensa.

A própria legislação reguladora da atividade é permanente foco de discussão em busca de modificações, retornando à pauta, a todo momento, velhas polêmicas. A assessoria de imprensa é atividade de jornalistas ou de relações-públicas? É preciso diploma universitário para exercer a função? Qual carga horária deve cumprir um assessor de imprensa? Estabelece-se, portanto, um panorama de permanentes e múltiplas mudanças. A ele, não poderia ficar alheio este *Assessoria de imprensa – Teoria e prática*, que, por ocasião de sua primeira edição, em 1993, foi pioneiro na literatura técnica específica sobre tal atividade. Desde então, novas edições foram publicadas, cada uma com pequenas alterações e atualizações. Mas os anos transcorridos revelam, hoje, a necessidade de uma revisão mais aprofundada, que possibilite à obra refletir, com maior grau de precisão, o quadro atual.

É, pois, nesse contexto que apresentamos esta edição de *Assessoria de imprensa – Teoria e prática*, totalmente revisada. Seu objetivo, porém, continua o mesmo: contribuir para o permanente aprimoramento do trabalho nessa área do jornalismo, configurando-se como um instrumento útil tanto para os estudantes quanto para os profissionais atuantes em assessorias. Aos primeiros, pretende fornecer embasamento teórico e prático e despertar o interesse pela área, a fim de que ela possa ser considerada, desde o início, uma digna e interessante opção de trabalho no futuro. Já aos profissionais, procura oferecer tanto uma referência para a resolução de dúvidas cotidianas quanto um convite à reflexão sobre a importância da atividade e a necessidade de desenvolvê-la com competência e ética.

Cabe ressaltar, por fim, que a visão aqui apresentada a respeito da assessoria de imprensa é, por convicção dos autores, a de uma atividade a ser desenvolvida exclusivamente por jornalistas profissionais – utilizando, consequentemente, conceitos e técnicas dessa área –, sem que isso implique o demérito de outras habilitações, mas sim a harmonia e a complementaridade entre todas elas. Fique claro, portanto, que, para os autores, o trabalho de um bom assessor é regido pela lógica da notícia, do saber próprio do jornalista de discernir, diante de um acontecimento ou uma opinião, o que, de fato, pode interessar ao público. Assim, ao mesmo tempo, é proposto um olhar genérico e idealizado sobre a função, buscando sintetizar as suas melhores práticas, o seu estado da arte – o que não significa desconhecer ou negar o fato de que, no dia a dia do mercado de trabalho, nem sempre as coisas acontecem exatamente assim, estando sujeitas tanto a nuanças ocasionadas por peculiaridades de segmentos específicos quanto a desvios provocados por posturas inadequadas de assessores, assessorados ou veículos de comunicação. O que se pretende, em suma, não é dar a palavra final sobre como realizar a assessoria de imprensa, e sim propor caminhos para uma sistematização que contribua para o permanente aperfeiçoamento e qualificação da atividade.

# Conceitos básicos 1

A vida de uma organização está diretamente relacionada aos seus públicos, ou seja, a grupos de pessoas que com ela possuem interesses comuns. Dependendo da natureza e do ramo de atuação da instituição, os públicos variam. No entanto, pode-se dizer, em linhas gerais, que aqueles que fazem parte da organização (como é o caso de funcionários e dirigentes) constituem o *público interno*, enquanto aqueles que não fazem parte da instituição mas estão de alguma forma vinculados a ela (a exemplo de consumidores, clientes ou usuários, fornecedores, autoridades governamentais, entidades de classe e veículos de comunicação) formam o *público externo*. É possível identificar, ainda, a existência de *públicos mistos*, ou seja, que se encontram em situação intermediária, representados, por exemplo, pelos acionistas.

Para aprimorar o fluxo de informações entre elas e esses públicos, as organizações utilizam os serviços de uma assessoria de comunicação social (ACS), que podem ser realizados por um departamento interno, contratados com terceiros (empresas prestadoras de serviços ou profissionais autônomos) ou, ainda, resultantes de uma modalidade de trabalho mista, combinando as duas anteriores.

A ACS presta um serviço especializado, coordenando as atividades de comunicação entre um assessorado e seus públicos e estabelecendo políticas e estratégias que englobem iniciativas nas áreas de jornalismo, relações públicas e publicidade e propaganda. Embora seja possível utilizar os serviços de uma dessas três áreas isoladamente – por exemplo, um empresário que divulgue seus produtos apenas por meio da publicidade –, com sua aplicação conjunta e integrada uma instituição poderá obter resultados mais abrangentes e eficazes.

Para que tal atividade tenha sucesso, é fundamental que seja percebida como estratégica dentro de uma organização e os responsáveis pela ACS estejam em contato direto e permanente com seu centro diretivo, participando ativamente no estabelecimento das políticas e estratégias de comunicação. Se o assessorado não permitir tal envolvimento, o trabalho de assessoria terá alcance limitado, por se restringir ao cumprimento de diretrizes elaboradas em um meio não especializado na área de comunicação e, consequentemente, sujeitas a equívocos.

Assim, em um contexto ideal, a ACS compõe-se e situa-se no organograma da instituição de acordo com o esquema apresentado na Figura 1.

## DELIMITAÇÃO DE FUNÇÕES

Cada uma das três áreas de uma ACS possui tarefas e responsabilidades bem distintas, embora integradas. Essas diferenças devem ficar claras, para que não haja desrespeito à legislação ou aos códigos de ética dos profissionais de jornalismo, relações públicas e publicidade e propaganda.

A seguir será descrita, em linhas gerais, uma possível divisão de competências, responsabilidades e atribuições entre as mencionadas áreas.

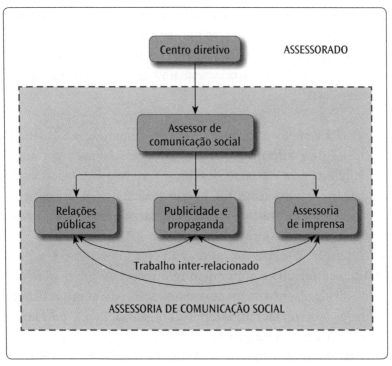

**Figura 1.** Posição da assessoria de comunicação no organograma institucional.

## Jornalismo (assessoria de imprensa)

Segundo a Federação Nacional dos Jornalistas Profissionais (2007, p. 8), a função do assessor de imprensa é "facilitar a relação entre seu cliente – empresa, pessoa física, entidades e instituições – e os formadores de opinião", cabendo a esse profissional orientar o assessorado quanto ao que pode ou não interessar aos veículos e, portanto, vir a ser notícia.

Uma das atribuições fundamentais do assessor de imprensa é, assim, a intermediação das relações entre o assessorado e os veículos de comunicação, tendo como matéria-prima a informação e como processo sua abordagem na forma de notícia.

Ao longo dos anos, com a evolução da atividade e a ampliação das demandas de comunicação por parte daqueles que contratam seus serviços, diversas outras atividades foram sendo incorporadas ao dia a dia das assessorias. Atualmente, elas podem ser assim sintetizadas:

- relacionamento com os veículos de comunicação, abastecendo-os com informações relativas ao assessorado por meio de relises, *press kits* (ver Glossário e Capítulo 11), sugestões de pautas e outros elementos, intermediando as relações entre os veículos e o assessorado e atendendo às solicitações dos jornalistas de quaisquer órgãos de imprensa;
- realização da clipagem ou taxação (ver Glossário e Capítulo 12), controlando e arquivando informações sobre o assessorado divulgadas nos meios de comunicação, bem como avaliando dados provenientes do exterior da organização que possam interessar aos seus dirigentes;
- organização e constante atualização de uma *mailing list* (relação de veículos de comunicação, com nomes de diretores, editores, pauteiros, repórteres, colunistas, produtores, apresentadores, bem como as formas de contato com eles – endereço, telefones, fax, e-mail e site);
- edição de *house organs* (ver Glossário e Capítulo 13), periódicos destinados aos públicos externo e interno (boletins, revistas ou jornais), sejam eles impressos ou eletrônicos;
- elaboração de outros produtos jornalísticos, como fotografias, vídeos, programas de rádio ou televisão e material para divulgação no site da organização;
- produção de impressos variados, tais como fôlderes, folhetos, manuais ou relatórios anuais, sempre que sua redação em linguagem jornalística puder facilitar a comunicação com determinados públicos;
- participação no estabelecimento de estratégias de comunicação.

Os dois últimos itens geralmente são executados em conjunto com as demais áreas integrantes de uma ACS, a fim de conferir mais eficácia a tais ações.

Em muitas situações, nota-se que o assessor de imprensa acaba assumindo diversas outras funções. Por exemplo, em algumas organizações ele é o responsável pela redação de discursos de dirigentes. Isso ocorre, geralmente, porque o jornalista é identificado, dentro da instituição, como um profissional com grande domínio das técnicas de redação, podendo contribuir, com seus textos, para uma melhor comunicação com o público.

Cabe ressaltar, ainda, que a diversificação da assessoria de imprensa cada vez mais coloca em desuso a expressão "jornalismo empresarial", durante muito tempo empregada quase como seu sinônimo. Isso porque ela é restritiva, eliminando do raio de abrangência todas aquelas organizações que não sejam empresas – sindicatos, entidades de classe, clubes, agremiações esportivas, instituições culturais, organizações não governamentais, pessoas físicas –, o que contradiz a realidade atual do mercado.

## Relações públicas

A Associação Brasileira de Relações Públicas define as atividades dessa área como "um esforço deliberado, planificado, coeso e contínuo da alta administração para estabelecer e manter uma compreensão mútua entre uma organização pública ou privada e todos os grupos aos quais está ligada direta ou indiretamente" (Peruzzo, 1986, p. 33).

A área de relações públicas (RP), portanto, preocupa-se com a criação, o planejamento e a execução de programas de integração interna e externa. Assim, coordena desde festividades para funcionários ou envio de cumprimentos a eles por aniversários, casamentos e datas especiais até atividades de cunho social, esportivo ou cultural, concursos, participação da organização em eventos, cerimonial e protocolo, elaboração de peças institucionais em conjunto com os setores de assessoria de imprensa (AI) e publicidade e propaganda (PP) ou envio de mensagens (telegramas, ofícios, e-mails, convites) a pessoas ou entidades relacionadas com a instituição. Os relações-públicas têm, ainda, as incumbências de realizar pesquisas para conhecer opiniões, hábitos e atitudes dos públicos; manter cadastros atualizados dos vários segmentos de interesse para a instituição, além de referências históricas do assessorado; e participar na definição de estratégias globais de comunicação.

## Publicidade e propaganda

Segundo Francisco Gaudêncio Torquato do Rego (1986, p. 94), esta área é "um subsistema de comunicação que coloca em relação produtores e consumidores por meio dos distribuidores e dos *mass media*". Buscando, de forma direta, o consumo dos produtos ou serviços oferecidos pela instituição, o setor de PP deve, em síntese, criar e executar as peças publicitárias e de propaganda, escolhendo os veículos mais adequados para sua difusão e as agências para a intermediação entre esses veículos e a instituição; planejar, coordenar e administrar a publicidade, a propaganda, a publicidade legal, as campanhas promocionais e os estudos mercadológicos; e participar na definição das estratégias de comunicação.

Em suma, cada área lidará com públicos, mensagens e metas específicos, porém em sintonia com as demais componentes da ACS, tendo em vista o objetivo comum de promover uma melhor comunicação entre o assessorado e todos os segmentos com os quais se relaciona, como demonstra a Figura 2.

A divisão de competências aqui proposta reflete a realidade prevalente no mercado brasileiro e busca coerência tanto com os aspectos legais quanto com as habilidades relacionadas a cada uma das profissões. Cabe ressaltar, porém, que existe, entre jornalistas e

**Figura 2.** Delimitação de funções.

relações-públicas, um conflito no que diz respeito à definição de quem efetivamente deve exercer as funções ligadas à assessoria de imprensa.

Do ponto de vista legal, pode-se afirmar que as legislações que regulamentam ambas as profissões apenas tangenciam a questão, dando margem a diferentes interpretações.

De um lado, a lei n. 5.377, que disciplina a profissão de relações-públicas, define, em seu artigo 2º, que uma das atividades específicas da área é a comunicação de caráter institucional entre a entidade e o público, por meio de veículos comunicativos, enquanto o decreto n. 63.283, que aprova tal regulamentação, menciona, de forma mais vaga, no artigo 4º, responsabilidades como a informação e orientação da opinião pública sobre objetivos elevados de uma instituição.

De outro lado, o decreto-lei n. 972, que dispõe sobre o exercício da profissão de jornalista, qualifica como de competência desse profissional atividades como as de redação, titulação, realização de entrevistas, coleta de notícias e informações e o preparo para sua divulgação, estendendo-as, além do âmbito da empresa jornalística, ao campo de organizações ou órgãos públicos que editem publicações destinadas à circulação externa. O decreto n. 83.284, que regulamenta o anterior, mantém tais determinações.

Observa-se, portanto, que nenhuma das legislações refere-se, diretamente, à atividade de assessoria de imprensa. Por isso, está em discussão no país, desde 2004, o projeto de lei n. 79/04, que, ao alterar o decreto n. 972, amplia o leque de funções para o exercício das quais será exigido o diploma de jornalista – entre elas a de assessor de imprensa. Sendo sancionada, essa regulamentação acabaria, portanto, com uma tradicional querela, concedendo claramente ao jornalista a exclusividade da função. Aprovado pela Câmara dos Deputados e pelo Senado Federal, o projeto, no entanto, foi vetado pelo presidente da República em julho de 2006, formando-se, a partir daí, um grupo de trabalho destinado a rediscutir a questão.

Em que pesem o veto presidencial e o *lobby* contrário exercido por algumas instâncias – em especial entidades representativas dos relações-públicas e dos proprietários de veículos de comunicação –, tal medida seria, acima de tudo, coerente com a realidade da assessoria de imprensa nos tempos atuais. Afinal, a própria prática demonstra que o tipo de atividade desenvolvida em uma AI é mais familiar e compatível com o jornalista. Não se trata de desprestigiar o relações-públicas, mas sim de constatar que sua formação não envolve a preparação para esse trabalho, com características essencialmente jornalísticas. O relise, por exemplo, deve ser redigido em uma linguagem apropriada aos diferentes veículos de comunicação para que tenha mais chance de ser utilizado ou, ao menos, consultado por seus destinatários. Além disso, os contatos do assessor com a imprensa dependem de determinada técnica à qual o jornalista profissional está acostumado, não bastando que se estabeleça um *relacionamento amistoso* entre eles. Como afirma Jaurês Rodrigues Palma (1994, p. 77):

> O verdadeiro desempenho de um assessor de imprensa acabará por ser medido numa escala profissional que compreende referências tais como: fornecimento de notícias de real interesse, solicitude e rapidez, honestidade e ponderação. Os profissionais que trabalham na imprensa não são apenas instrumentos, canais úteis ao assessor de imprensa. Na verdade constituem um de seus públicos.

Assim, conferir um adequado tratamento jornalístico aos acontecimentos divulgados pode ajudar, inclusive, a reduzir a desconfiança que, muitas vezes, existe por parte dos veículos de comunicação em relação a informações geradas pelas assessorias – em especial aquelas ligadas a empresas comerciais ou órgãos políticos –, o que pode ser comprovado considerando-se, por exemplo, a advertência feita pela *Folha de S.Paulo* (2001, p. 24) a seus jornalistas, ressaltando que muitos fatos são *construídos* com o objetivo de conseguir repercussão na mídia:

> Nas sociedades atuais, a informação adquire cada vez mais um valor de troca. Assim, acontecimentos que se crê estarem obedecendo a uma *ordem natural dos fatos* podem ser resultado de artifícios planejados por agentes específicos (políticos, empresários, publicitários, assessores, profissionais de marketing e mesmo os próprios jornalistas), a fim de responder a uma demanda da sociedade ou de criá-la.

A *Folha* (2001, p. 45) também recomenda que seus jornalistas dispensem uma atenção cautelosa a assessores de imprensa, relações-públicas e divulgadores, da mesma forma que fazem com lobistas, ou seja, grupos de pressão formados para influenciar pessoas com poder de decisão e de convencimento.

Levando-se em conta as observações feitas pelo jornal paulista, fica evidente que, em geral, não são bem-aceitas pelos veículos de comunicação as ações de divulgação com finalidades outras que não a de fornecimento de informações úteis e de interesse público que possam, após o devido trabalho de apuração jornalística, ser transformadas em notícias. Assim, contatos que privilegiem, por exemplo, a preservação da imagem de uma instituição – algo característico da área de relações públicas –, questões mercadológicas – como ocorre na publicidade e no marketing – ou a persuasão – a exemplo do que fazem os lobistas – estarão, nesse contexto, fadados ao insucesso se o veículo de comunicação for sério. Já o jornalista atuante em AI, aplicando o seu arsenal de conhecimentos e técnicas, similar ao dos colegas das redações, pode identificar no universo do assessorado informações passíveis de transformação em notícia. Ele não impõe um fato, mas sugere pautas que agreguem valor ao trabalho de pauteiros, repórteres, produtores, editores, apresentadores e outros profissionais.

Outra atribuição de uma AI que comprovadamente possui mais afinidade com o jornalista do que com profissionais de outras áreas é a de elaboração dos veículos de comunicação próprios de uma organização, como boletins, jornais, revistas, programas de rádio ou televisão. Os públicos aos quais eles se dirigem – sejam eles internos ou externos –, por também serem leitores, ouvintes e telespectadores dos meios de comunicação de massa, estão habituados a ler, ouvir e ver notícias elaboradas com determinado tipo de linguagem e tratamento, que é justamente o empregado por jornalistas profissionais. Sendo assim, sua expectativa é de que os veículos das organizações sigam padrões similares, encontrando eco em seu repertório e em sua experiência prévia. Nada mais adequado, portanto, que eles também sejam produzidos por jornalistas.

Considerando-se, assim, que os jornalistas assumam, de forma profissional, séria e competente, os serviços de AI, a área de RP poderá concentrar seus esforços em outras atividades igualmente importantes. Com o acréscimo do trabalho de PP – criando-se uma ACS de fato integrada –, haverá melhores resultados, tanto para a instituição e seus públicos quanto para os profissionais das três áreas.

# Origens e desenvolvimento 2

A função de assessor de imprensa encontra-se consolidada na sociedade brasileira, pelo menos nos principais centros urbanos do país – embora por vezes não prepondere a lógica da notícia em seu dia a dia, o que é lamentável. No início deste século XXI, profissionais dos grandes jornais, das revistas de circulação nacional, das emissoras de rádio dedicadas ao jornalismo, das estações de TV de porte significativo e dos portais informativos de ampla cobertura da internet recorrem com frequência às assessorias para obter informações e contato com as fontes. Essa situação chega a ser levada ao extremo devido às constantes reduções no quadro de pessoal dos veículos, gerando uma quase dependência – e, portanto, um mau jornalismo –, mas denotando a importância crescente das assessorias. De outro lado, as mais diversas organizações veem na contratação de um jornalista a possibilidade de estabelecer contato com diversos públicos. De fato, esse profissional aparece como aquele que, ao analisar a realidade do seu assessorado, tem condições de identificar pontos de interesse justamente para esses públicos determinados.

O conceito de assessoria de imprensa, portanto, está relacionado a dois aspectos fundamentais: a necessidade de divulgar opiniões e realizações de um indivíduo ou grupo de pessoas e a existência das instituições conhecidas como meios de comunicação de massa. O primeiro elemento está presente nas cartas circulares com decisões e realizações da dinastia Han, distribuídas na China, em 202 a.C., e na *Acta diurna*, veículo informativo do Fórum Romano criado em 69 a.c. No mundo ocidental, o segundo item começa a ser desenvolvido no século XV, com a prensa de tipos móveis, idealizada por Johann Gutemberg. Entretanto, a imprensa somente ganharia contornos massivos trezentos anos depois, a partir da invenção da rotativa (Friedrich Koenig, 1811), impressora capaz de rodar 1.100 folhas por hora – uma grande quantidade para a época –, e do linotipo (Otto Mergenthaler, 1885), que substituiu a composição manual tipo a tipo.

A modernização dos jornais e revistas no século XIX foi consequência direta da Revolução Industrial, processo que está na gênese do capitalismo, sistema econômico caracterizado pela busca incessante do lucro. Carlo Cafiero (1983, pp. 64-5), em *O capital – Uma leitura popular*, síntese de *O capital*, de Karl Marx, publicada em 1879, na Itália, descreve o impacto da mecanização na vida dos trabalhadores:

> Na fábrica, a virtuosidade ao trabalhar com uma ferramenta passa do operário para a máquina; a eficácia da ferramenta não depende mais do trabalhador e sim da máquina. A classificação fundamental se dá entre os trabalhadores que estão diretamente ocupados com os instrumentos da máquina (inclusive os trabalhadores encarregados de abastecê-la com o combustível necessário) e seus manobristas (que são quase exclusivamente crianças). [...] Qualquer criança aprende com muita facilidade a adaptar os seus movimentos ao movimento contínuo e uniforme de uma máquina. A rapidez com a qual uma criança aprende a dominar um trabalho mecânico suprime radicalmente a necessidade de converter esse trabalho em ofício exclusivo de uma classe particular de trabalhadores. A especialidade em manejar eternamente um único instrumento se torna a especialidade de servir por toda a vida uma máquina parcial.

Abusam da maquinaria para fazer do operário, desde a infância, uma peça da máquina, que é, por sua vez, apenas uma parte de um complexo mecânico. Não só diminuiu consideravelmente o custo para a reprodução desse operário, mas a sua dependência da fábrica, portanto do capital, tornou-se absoluta.

É nesse contexto que surge o jornalismo empresarial, como forma de atenuar o descontentamento interno nas grandes corporações industriais e em resposta à influência crescente das ideologias anarquista e comunista. Por outro lado, essas duas correntes e suas diversas facções foram responsáveis pela publicação de jornais que externavam seus posicionamentos políticos. Deram origem, assim, aos periódicos de empresa e à moderna imprensa sindical e/ou partidária, respectivamente. Francisco Gaudêncio Torquato do Rego (1987, p. 20) menciona a *Lloyd's List*, lançada na Grã-Bretanha em 1696, como precursora do jornalismo empresarial. O mesmo autor considera a *Lowell Offering* a primeira publicação regular desse tipo. Lançada em meados do século XIX, apesar de produzida por operários da Lowell Cotton Mills, de Massachusetts (Estados Unidos), a revista era financiada pela companhia. Torquato do Rego cita ainda *The Mechanic* (Estados Unidos, 1847), publicado pela H. B. Smith Company, empresa de material florestal, como um dos primeiros periódicos para um público externo, no caso os clientes da firma. O pioneiro no que diz respeito a mensagens para o público interno, especificamente os funcionários, operando, segundo o autor (Rego, 1987, p. 21), "dentro dos moldes atualmente convencionados para o jornalismo empresarial e cuja existência não é posta em dúvida, parece ser *The Triphammer*, publicado em 1885 pela Massey Harris Cox".

As publicações empresariais surgiram dentro do grupo que exercia a hegemonia do poder na sociedade capitalista do século XIX. Os proprietários de estabelecimentos comerciais e industriais de grande e médio porte pretendiam contornar a crescente insatisfação dos trabalhadores, externada pela organização de sindicatos e politização do movimento operário. O proletariado não tinha acesso aos espaços de opinião da grande imprensa da época. Como resultado, os trabalhadores tiveram de buscar suas próprias formas de expressão. Os jornais de sindicatos de trabalhadores ou dos movimentos ideológicos ligados a eles se estabeleceram, de maneira definitiva, a partir da consolidação das primeiras *trade-unions* (literalmente, uniões, associações de empregados), formadas em 1824 na Grã-Bretanha e em 1827 nos Estados Unidos. Na segunda metade do século, a organização dos trabalhadores dividia-se entre libertários e marxistas. Em fevereiro de 1848, Pierre-Joseph Proudhon lançou o primeiro jornal anarquista de periodicidade regular, *Le Representant du Peuple*. No mesmo ano, Karl Marx publicava, na Prússia, a sua *Neue Rheinische Zeitung (Nova Gazeta Renana)*. Anteriormente, já circulavam entre o operariado algumas publicações, embora sem periodicidade fixa.

Paralelamente, com o crescimento da circulação desses periódicos e, por extensão, da influência da chamada grande imprensa sobre a opinião pública, vários setores da sociedade notaram a necessidade de levar suas opiniões e realizações ao conhecimento dos leitores. Desse modo, já em 1772, quatro anos antes da Declaração de Independência dos Estados Unidos, o grupo de revolucionários liderados por George Washington preocupava-se com a divulgação de informações, nomeando Samuel Adams, um escritor e editor do Kentucky, para realizar um trabalho que misturava jornalismo, relações públicas e propaganda. Mais tarde, em 1829, Amos Kendall deu o passo seguinte no que se refere à assessoria de imprensa governamental. Servindo ao então presidente norte-americano Andrew Jackson, Kendall organizou o setor de imprensa e relações públicas da Casa Branca, editando ainda o primeiro *house organ* do governo dos Estados Unidos, *The Globe*.

Consequentemente a essa tomada de consciência quanto à crescente influência da imprensa sobre a opinião pública, começam a surgir jornalistas que se encarregam da intermediação de informações entre uma organização ou personalidade e os veículos de comunicação norte-americanos da segunda metade do século XIX. Em 1868, definindo esses profissionais, apareceram as expressões "agente de imprensa" (*press agent*) e "divulgador" (*publicity agent*) (Gurgel, 1985, p. 7).

As instituições da área científica e cultural também buscaram mostrar ao público o que acontecia internamente. Isso ocorreu, em especial, depois da criação de departamentos específicos nas universidades de Yale e de Harvard, respectivamente em 1899 e 1900. Na área de cultura e entretenimento, o principal pioneiro foi Phineas T. Barnum, dono do Circo Barnum, que, em 1868, comprava espaços nos jornais para divulgar os espetáculos de sua companhia e produzia folhetos, panfletos e brochuras para despertar a curiosidade e atrair a atenção do público.

Convém salientar que, entre o grande empresariado dos Estados Unidos, ainda dominava a ideia sintetizada pela frase "*The public be damned*" – "O público que se dane" –, atribuída a William Henry Vanderbilt, um dos principais proprietários de ferrovias do país, que em 1882 teria respondido assim às críticas de passageiros sobre a qualidade dos serviços prestados por sua companhia. Essa filosofia seria modificada apenas no século XX, quando Ivy Lee, abordando a imagem institucional (relações públicas) e a divulgação (assessoria de imprensa), distribuiu, em 1906, sua "Declaração de princípios" (Gurgel, 1985, p. 12) aos jornais dos Estados Unidos. Embora o texto seja considerado o primeiro documento oficial sobre relações públicas, uma simples leitura revela o conceito moderno e corrente da atividade realizada por jornalistas, em grandes centros brasileiros, na área de assessoria de imprensa:

> Este não é um departamento de imprensa secreto. Todo o nosso trabalho é feito às claras. Pretendemos divulgar notícias, e não distribuir anúncios. Se acharem que o nosso assunto ficaria melhor

como matéria paga, não o publiquem. Nossa informação é exata. Maiores pormenores sobre qualquer questão serão dados prontamente e qualquer redator interessado será auxiliado, com o máximo prazer, na verificação direta de qualquer declaração de fato. Em resumo, nossos planos, com absoluta franqueza, para o bem da empresa e das instituições públicas, são divulgar à imprensa e ao público dos Estados Unidos, pronta e exatamente, informações relativas a assuntos com valor e interesse para o público.

Na área governamental, a Primeira Guerra Mundial fez que países envolvidos no conflito, como os Estados Unidos e a Grã-Bretanha, criassem setores específicos para a divulgação de informações. Essa atividade seria repetida, na década de 1940, durante a Segunda Guerra.

Enquanto isso, no Brasil pré-industrial, são estruturados dois parentes próximos dos atuais serviços de AI: o Serviço de Informação e Divulgação do Ministério da Agricultura, Indústria e Comércio, misturando divulgação e comunicação institucional, que começa a se constituir em 1909; e o Departamento de Relações Públicas da São Paulo Tramway Light and Power Company, a popular Light, que objetivava dar informações ao público. É por meio das multinacionais que os *house organs* chegam ao Brasil, como refere Francisco Gaudêncio Torquato do Rego (1987, p. 27):

> O primeiro deles parece ter sido o *Boletim Light*, fundado em 1925 por um grupo de funcionários da Light. A experiência durou três anos. Mais feliz foi a revista *General Motors*, editada pela recém-criada General Motors do Brasil, no ano de 1926. Era distribuída mensalmente a todos os operários, à saída do expediente: 12 páginas, impressas em duas cores e com um formato de 16 por 23 centímetros.

Em contrapartida, os trabalhadores brasileiros publicavam seus jornais como resposta à quase ausência de espaço dedicado a eles na imprensa da época, então marcada por um forte conteúdo opinativo, não raro a serviço da estrutura de poder existente. No início do século XX, circulavam periódicos como *O trabalhador*, da União dos Trabalhadores Gráficos (São Paulo, 1904); *O cosmopolita*, dos empregados em hotéis, restaurantes e bares (Rio de Janeiro, 1916); *Tribuna do povo*, da Federação de Resistência dos Trabalhadores de Pernambuco (Recife, 1912); *O graphico*, da Associação Gráfica do Rio de Janeiro (Rio de Janeiro, 1924); *A vida*, do Centro Operário das Pedreiras (Rio de Janeiro, 1924); e *O syndicalista*, da Federação Operária do Rio Grande do Sul (Porto Alegre, 1919).

O governo brasileiro preocupou-se, oficialmente, com o atendimento à imprensa em 1938, quando foi promulgado o decreto n. 3.371, de 1º de dezembro, que atribuía essa função ao secretário da Presidência da República, como chefe do Gabinete Civil. Um ano antes, o então presidente Getulio Vargas havia instaurado no país o Estado Novo, regime político de inspiração fascista. Em 1939 foi criado o Departamento de Imprensa e Propaganda (DIP), misturando divulgação, comunicação institucional e censura, principal instrumento do autoritarismo. Com a redemocratização de 1945, o DIP seria extinto. Dessa época até o início do século XXI, a comunicação do governo com a sociedade, não só no âmbito do Poder Executivo ou em nível federal, sofreu diversas alterações, que incluíram estratégias repressivas de controle da informação de 1964 a 1985, durante a ditadura militar. É desse período o epíteto *chapa branca*, usado pejorativamente para identificar os profissionais que assessoravam o governo. Remete, ainda, a outra prática condenável, que diminuiu de modo considerável ao longo dos anos 1990: a da dupla função, com o jornalista dedicando uma parte de seu tempo a um veículo de comunicação e a outra parte à AI de um órgão público ou grande empresa. No primeiro turno, impede a veiculação de notícias desfavoráveis; no segundo, obtém informações exclusivas – obviamente, de cunho positivo para o seu assessorado –, sonegando-as aos concorrentes.

O processo que leva à superação dessa fase se inicia com a regulamentação do exercício profissional do jornalismo, com o decreto n. 83.284, de 13 de março de 1979. A partir daí, com a valorização do diploma universitário, começa a se consolidar o mercado de assessoria de imprensa. No poder público, as assessorias de comunicação social existentes são aprimoradas, com a atuação integrada de jornalistas e outros profissionais de comunicação, sendo vários deles concursados. Empresas contratam jornalistas para que trabalhem suas assessorias. Profissionais fazem a divulgação de atividades na área de cultura. Sindicatos de trabalhadores organizam assessorias de imprensa. Esses órgãos, em meio à crise econômica dos anos 1990, começam a despontar como o grande mercado de trabalho para jornalistas. Na virada do século, surge ainda um novo campo de trabalho com a proliferação de organizações não governamentais. Para uma ONG, muitas vezes, a divulgação de seus objetivos, princípios e atividades garante a continuidade institucional.

Ao longo dos últimos trinta anos, portanto, o desenvolvimento dos serviços de assessoria de imprensa foi marcado por cinco correntes fundamentais:

- jornalismo empresarial;
- jornalismo de assessoramento sindical;
- jornalismo de assessoramento político;
- jornalismo de assessoramento cultural;
- jornalismo de assessoramento para organizações não governamentais.

Em todas elas, a noção daquilo que interessa ou não ao público é fundamental. Independentemente do instrumento utilizado, mediar a relação entre o assessorado e os grupos a serem atingidos constitui-se em um processo que continua sendo regido pela antiga, mas sempre atual e presente, noção de notícia.

# A conduta ética do assessor de imprensa 3

A definição de ética passa pelos conceitos de bem e de mal. Assim, deve-se adotar um referencial, estipulando os limites do certo e do errado. A esse respeito, afirma Alberto André (2000, pp. 12-3):

> Ética é, para os jornalistas, o conjunto de normas que devem reger sua conduta no desempenho da profissão. [...] O professor Eugênio Castelli comparou liberdade e responsabilidade, afirmando que o "dever de informar se apoia na liberdade e pressupõe um ato de responsabilidade com verdade", estabelecendo este quadro de tríplice ponto de vista da liberdade:
>
> a) moral, em que despontam a verdade e o respeito para com a dignidade do ser humano e implica a *consciência profissional*;
> b) social, em que a liberdade de informar corresponde ao direito de ser bem informado;
> c) legal, que é o cumprimento das leis.

O Código de Ética parte, por consequência, da própria categoria dos jornalistas, com base nos anseios e necessidades da população. Em seu dia a dia, o jornalista de assessoria de imprensa, a exemplo de seus colegas de veículos de comunicação, deve pautar sua conduta pelo Código de Ética em vigor, aprovado pelo Congresso Nacional da categoria em 2007. Esse documento fixa as normas a que deve se subordinar a atuação dos profissionais nas suas relações com a comunidade, com as fontes de informação e entre jornalistas.

Tendo em vista esse conjunto de normas, algumas delas merecem atenção especial por parte dos assessores de imprensa. Em primeiro lugar, constata-se que pressionar indivíduos ou instituições para que notícias a respeito do assessorado sejam publicadas, sonegar informações importantes, divulgar inverdades e colocar os interesses do contratante acima dos da população – problemas já não tão frequentes, mas ainda presentes no mercado brasileiro de AI – são ações que contrariam o Código de Ética da profissão e, não raro, prejudicam a imagem de quem é assessorado. Vários dispositivos do Código alertam contra essa situação.

O artigo 2º define o direito público à informação proveniente de qualquer tipo de instituição, considerando-o uma obrigação social do jornalista. Ao mesmo tempo, condena a censura e a autocensura.

No capítulo sobre a conduta profissional, o Código estipula o compromisso com a verdade. O artigo 6º, especificamente, observa que é dever do jornalista divulgar todos os fatos de interesse do público, lutar pela liberdade de pensamento e de expressão e defender o livre exercício da profissão, opondo-se ao arbítrio, ao autoritarismo e à opressão.

✦**Exemplo:** assessorando uma entidade governamental, o jornalista pode ter acesso tanto a informações capazes de interessar positivamente ao público (por exemplo, acerca de um projeto que o beneficia) quanto a situações com potencial impacto negativo sobre o assessorado (como reclamações e denúncias). Sua obrigação, no primeiro caso, é propor estratégias para tornar públicos os fatos, a fim de que a sociedade conheça o que está sendo feito a seu favor, e no segundo sugerir ações de esclarecimento e diálogo. Deve prevalecer, sempre, uma comunicação pautada pela absoluta transparência, que não só estará sintonizada com os preceitos éticos como também ajudará a criar e manter a imagem de seriedade e credibilidade do assessorado.

Esses pontos enfatizam o fato de que os profissionais atuantes em AI, como jornalistas, têm antes de tudo um compromisso com a livre circulação de informações. Por isso, precisam defender fortemente perante seus assessorados a ideia de que não devem ser impostas barreiras à divulgação de fatos de interesse público, mesmo que eventualmente envolvam situações negativas. É por meio de um trabalho cotidiano pautado pela seriedade que esse objetivo poderá ser alcançado, embora nem sempre de maneira fácil ou tranquila. Quanto maior for o esforço do assessor de imprensa para que seu assessorado tenha uma relação permanente e transparente com os veículos de comunicação, melhores serão as condições para que se lide, inclusive, com situações de conflito.

É evidente, por outro lado, que essa postura precisa levar em consideração algumas questões específicas, relacionadas à responsabilidade do assessor quanto àquilo que vai divulgar. Defender a livre circulação de informações não significa, certamente, divulgar *qualquer* informação, e implica saber que também por parte dos veículos de comunicação pode haver pressões que devem ser percebidas e avaliadas.

✦**Exemplo:** uma instituição que realiza pesquisas em saúde está desenvolvendo um estudo, ainda em fase inicial, sobre uma vacina que poderá curar o câncer, e um repórter obtém, por intermédio de uma fonte pessoal, essa informação. Como ela poderá render uma chamativa manchete, o jornalista entra em contato com o assessor de imprensa para que ele revele mais dados. E aí surge o dilema. Esse fato, certamente, é alvo de interesse público. Mas, ao mesmo tempo, sua divulgação precoce – e, dependendo do tratamento que receber dos meios de comunicação, um tanto sensacionalista – pode gerar grandes expectativas em portadores de câncer. A partir da divulgação da notícia de forma distorcida, ou que suscite uma interpretação errônea, milhares de doentes passarão a procurar a referida instituição em busca de sua cura, que naquele momento não estará acessível, por se tratar de uma pesquisa ainda no início – e futuramente sujeita, inclusive, à não comprovação da hipótese, gerando a frustração da expectativa criada nos doentes. Casos como esse requerem uma avaliação especial, pesando todos os prós e contras. Normalmente, instituições dessa natureza possuem comitês internos de ética que ajudam a definir a postura a ser adotada, cabendo ao assessor participar ativamente das discussões sobre o assunto.

O artigo 7º do Código de Ética, em seu item VI, aborda outro aspecto da maior relevância para os assessores de imprensa: a *dupla função*. Está determinado que o jornalista não deve realizar cobertura jornalística sobre um órgão em que atue em instituições onde trabalhe (como assessor, por exemplo) e vice-versa. Quando o profissional constitui-se, ao mesmo tempo, em funcionário de um veículo de comunicação e em assessor de uma instituição, pode incorrer em graves falhas éticas: por um lado, no jornal, revista, emissora de rádio ou televisão, exercendo pressão para que sejam divulgadas notícias relacionadas ao seu assessorado; por outro, na entidade que assessora, favorecendo o veículo responsável por seu outro emprego ao fornecer-lhe com exclusividade informações importantes.

Por fim, é preciso estar atento ao item VII do artigo 6º, o qual estabelece que o jornalista deve combater e denunciar todas as formas de corrupção, em especial quando exercidas com o objetivo de controlar a informação. Sendo assim, o assessor não pode, ele próprio, transformar-se em protagonista de atos de corrupção, por pequenos ou inofensivos que pareçam.

**✦Exemplo:** ainda persiste, em algumas assessorias e em alguns veículos de comunicação, a prática de trocar favores, não como auxílio profissional mútuo, mas como favorecimento ilícito. É o que ocorre quando um colega da imprensa recorre ao jornalista de AI pedindo que facilite seu acesso a um serviço público por canais escusos – como furar a fila de espera por uma cirurgia no Sistema Único de Saúde – e este concorda, aproveitando para sugerir, em troca, a publicação de uma notícia sobre o hospital em questão. Para que tal favor seja concedido, um cidadão que, em seu anonimato, tenha respeitado as regras de espera será prejudicado, passado para trás pelo carteiraço de alguém mais importante – um ato de corrupção cometido com o aval e auxílio do assessor de imprensa. Não é, evidentemente, segundo esses métodos que o profissional de AI deve construir seu bom relacionamento com os veículos, mas sim por meio da atuação cotidiana como um efetivo facilitador de informações divulgadas de forma transparente, ética e responsável.

A conduta ética valoriza a regularização do mercado e aumenta as possibilidades de emprego para bons profissionais, servindo aos objetivos de uma sociedade que se pretenda verdadeiramente justa e solidária.

# 4 Planejamento

As atividades de AI não devem ser realizadas com base no improviso, e sim ter como norma a organização e a constante avaliação dos resultados. O planejamento assume, dessa forma, uma importância fundamental, evitando que até mesmo as situações mais inesperadas peguem o assessor desprevenido.

Em uma situação ideal, conforme descrito no Capítulo 1, a instituição deve possuir uma assessoria de comunicação social, com políticas bem definidas. Dentro desse quadro, a AI, por sua vez, pode – e deve – elaborar seus próprios planos e estratégias. A realidade, entretanto, mostra que a maioria das organizações ainda não dispõe de uma estrutura mais abrangente. Desse modo, o planejamento das atividades de assessoria de imprensa adquire uma importância ainda maior, pois o trabalho se torna mais complexo e abrangente.

Assim como é fundamental que o assessor, dentro de uma AI, esteja acostumado ao processo permanente de planejamento, esse instrumento também será útil ao jornalista que, seja por solicitação de uma instituição, seja por sua própria iniciativa, se propuser oferecer serviços nessa área. Por exemplo, se um jornalista candidatar-se à vaga de assessor relativa a determinado evento – concorrendo, para isso, com outros colegas –, deverá procurar, como diferencial, desenvolver um plano de trabalho e apresentá-lo aos organizadores. Isso fará que fique claro o tipo de assessoria que pretende realizar, facilitando não só a seleção do profissional a ser contratado como também a posterior execução das atividades.

## PLANEJAMENTO, POLÍTICAS, PLANOS E ESTRATÉGIAS

É necessário compreender os termos "planejamento", "política", "plano" e "estratégia", que designam diferentes etapas do processo de projeção das atividades de uma AI.

*Planejamento*, segundo Carlos Alberto Rabaça e Gustavo Guimarães Barbosa (1987, p. 463), é o "ato de relacionar e avaliar informações e atividades – de forma ordenada e com lógico encadeamento entre elas – a serem executadas num prazo definido, visando à consecução de objetivos predeterminados". É, portanto, um processo abrangente, que define metas, objetivos, públicos-alvo da instituição e, acima de tudo, as políticas de comunicação a serem adotadas. Essas *políticas* podem ser definidas (Rabaça e Barbosa, 1987, p. 468) como um "conjunto de normas em que se fundamenta a atividade de comunicação institucional. As perspectivas da política devem ser traçadas dentro de um objetivo que seja a meta de todas as atividades e contra o qual não existam argumentos".

Todo *planejamento* será constituído por diversos *planos*, que são "providências a serem tomadas para atingir as metas estabelecidas. Geralmente, indicam o onde, o como e o porquê" (Wey, 1986, p. 52). Os planos, em síntese, são documentos que, com base naquilo que foi estabelecido no planejamento, definem que tipo de atitude será adotado normalmente para prestar os serviços de assessoria de imprensa.

Por fim, as *estratégias* seriam aquelas táticas que precisam ser aplicadas eventualmente, quando determinada situação envolve o assessorado e exige ações especiais por parte do jornalista. Por exemplo, organizar uma entrevista coletiva no início da tarde para que o cliente responda a acusações feitas à instituição, detectadas durante a leitura dos jornais pela manhã. Observa-se que, apesar dessa característica, as estratégias também fazem parte do processo global de planejamento e são norteadas pelas diretrizes nele indicadas: mesmo que o planejamento não preveja exatamente o caso mencionado no exemplo, com certeza vai estabelecer que tipo de atitude tomar em situações semelhantes (Figura 3).

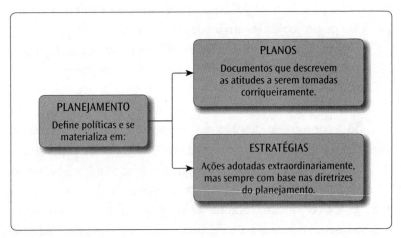

**Figura 3.** Planejamento, planos e estratégias.

## ETAPAS DO PLANEJAMENTO

Embora possam ser encontradas diversas etapas no processo de planejamento – sua classificação e nomenclatura variam de autor para autor, nas mais distintas áreas do conhecimento –, elas podem ser divididas em quatro fases, conforme propõe Raimar Richers (1983, p. 22): análise, adaptação, ativação e avaliação.

A *análise* é a etapa em que o assessor de imprensa conhece a instituição, seus públicos e o contexto em que ela se insere; ele também deve identificar os problemas e as falhas de comunicação da entidade. Em seguida, partirá para a *adaptação*, ajustando a realidade detectada anteriormente à projeção de ações necessárias. Nessa fase, definir-se-ão tanto as políticas quanto os planos. O próximo passo será a *ativação*, momento em que os planos serão colocados em prática, seguindo todas as determinações estipuladas, podendo também ser necessário lançar mão de diferentes estratégias. Por último virá a *avaliação*, com o estudo dos resultados de todos os planos e estratégias empregados, a fim de constatar se foram ou não os mais adequados. As conclusões obtidas nessa etapa levarão a uma nova análise, que gerará um processo de adaptação, e assim por diante. O trabalho de planejamento é permanente, sendo também dinâmico e integrado (as diferentes etapas podem ocorrer simultaneamente).

No contexto do planejamento, a avaliação assume um papel fundamental – já que, se ela não existir, todo o processo será estéril. Ou seja: se uma AI analisa a realidade institucional, adapta um plano a ela e o coloca em prática mas em nenhum momento avalia esse procedimento, não conhecerá ao certo seus resultados e, consequentemente, não terá condições de aprimorar seu trabalho nem de corrigir eventuais falhas. Enquanto o planejamento, como um todo, permite a visualização do futuro, a avaliação, particularmente, analisa o presente, para que possa haver uma nova projeção para o amanhã.

## O *CHECKLIST*

Para facilitar a contínua avaliação, deve haver um efetivo controle do processo informativo da instituição. Ele pode ser feito com base em verificações diárias, semanais e mensais. Existe um instrumento que facilita essa atividade: o *checklist*, relação completa e detalhada de providências a serem tomadas periodicamente para o acompanhamento das atividades do cliente.

Os *checklists* devem conter uma relação sintética das principais ações a serem colocadas em prática ou dos pontos a serem verificados durante o dia, a semana e o mês. Afixados em locais por onde o assessor circula constantemente, acabam sendo consultados com grande frequência e impedem, assim, que detalhes importantes sejam esquecidos.

O conteúdo de cada *checklist* varia de acordo com as características da instituição assessorada, baseando-se em modelos básicos:

---

### Checklist diário

1) Executar as seguintes tarefas:
   a) Ler jornais, revistas e publicações dirigidas.
   b) Escutar rádio e assistir à televisão.
   c) Navegar em sites de informação geral ou da área de interesse específica do assessorado.
   d) Verificar se as notícias divulgadas no dia em questão podem gerar:
   – pauta;
   – relise;
   – artigo;
   – nota oficial;
   – comunicado;
   – nota para agenda;
   – entrevistas em rádio e televisão;
   – convocação de coletiva;
   – evento especial;
   – obtenção de informações para o assessorado.
   e) Conferir se existem notícias de interesse para a empresa de assessoria, as quais podem:
   – levar à aquisição de subsídio para atividades futuras;
   – gerar visitas para prospecção de clientes (no caso de empresas prestadoras de serviços de AI);
   – merecer alguma iniciativa especial de comunicação.

2) Conferir o correio eletrônico, identificando a existência de mensagens que requeiram ações de comunicação (produção de relises, elaboração de notícias para internet/intranet, cobertura de pauta para jornal interno etc.).
3) Verificar a agenda do dia do assessorado.
4) Sistematizar as atividades do dia (produção e envio de relises, agendamento de entrevistas, atendimento a solicitações pendentes dos meios de comunicação, produção de material informativo para diferentes canais de comunicação internos e externos etc.).

## *Checklist* semanal

1) Verificar:
   a) A agenda da semana dos clientes.
   b) Quais pautas podem ser realizadas para os diversos veículos.
   c) Se os clientes poderão ser fonte de alguma matéria pautada pela imprensa.
   d) Quais assuntos relacionados aos clientes podem render entrevistas em rádio ou televisão.
   e) Quais assuntos relacionados aos clientes podem render notas especiais para colunistas.
   f) Quais as prioridades em termos de comunicação interna e externa.
2) Estabelecer um cronograma com as novas atividades que serão postas em execução.
3) Marcar reuniões com o assessorado ou os clientes (para discussão, definição de pauta, elaboração de matérias e avaliação de resultados).

## *Checklist* mensal

1) Verificar:
   a) A necessidade de atualização da lista de contatos com a imprensa (*mailing*).
   b) O calendário de eventos e datas comemorativas do próximo mês.
   c) Se as atividades realizadas atingiram os objetivos propostos.
2) Definir:
   a) Os objetivos para o próximo mês.
   b) O cronograma básico mensal.
3) Avaliar a atualização dos relatórios de atendimento.

> **Checklist para reuniões**
>
> 1) Avaliação das atividades realizadas e verificação do desempenho das atividades programadas para o período em questão.
> 2) O que pode ser produzido ou providenciado:
>    a) Pautas?
>    b) Relises?
>    c) Notas para colunistas?
>    d) Artigos?
>    e) Espaço em programas de rádio e televisão?
>    f) Material para divulgação nos diferentes veículos internos e externos?
> 3) Algum assunto merece tratamento especial? Seria válida a promoção de:
>    a) Reunião-almoço?
>    b) Coletiva?
>    c) Coquetel?
>    d) Palestras?
>    e) Seminários?
>    f) Debates?
>    g) Lançamentos?
>    h) Outros?
> 4) Algum assunto pode ser tema de palestra em eventos de associações, sindicatos ou outras entidades? Seria válida a participação em:
>    a) Reunião-almoço?
>    b) Seminários/congressos?

## A ESTRUTURA DO PLANO

O objetivo do processo de planejamento na área de comunicação social é a organização prévia, e depois contínua, do trabalho a ser realizado. Assim, o plano – instrumento que traduz para o papel essas intenções – deve ser estruturado de forma clara e concisa, criando um elo de responsabilidade entre o jornalista e o seu assessorado. Basicamente, um bom plano de assessoria de imprensa subdivide-se em:

- *Apresentação*: resumo sucinto do trabalho proposto, no qual são expostos os principais parâmetros para sua realização.

- *Objetivos*: mostram o que se pretende atingir com a atividade a ser realizada.
- *Atividades*: preferencialmente, o trabalho proposto deve ser apresentado na forma de módulos, para facilitar a compreensão por parte do assessorado e, também, as negociações com ele.
- *Responsabilidades*: constituem a parte do plano que servirá, após a definição das atividades que serão desenvolvidas pelo profissional, como base para a execução do trabalho.
- *Recursos*: deve haver a descrição dos recursos (financeiros, materiais e humanos) necessários à execução do plano. No caso de proposta apresentada por empresa prestadora de serviços de AI a um potencial cliente, esse item deve apresentar o custo do trabalho. A exemplo das atividades, o ideal é que os custos sejam apresentados em módulos, dando-se um desconto em caso de contratação de dois ou mais módulos.
- *Informações sobre a empresa de assessoria*, quando se tratar de oferta de prestação de serviços a um cliente.

Considerando-se que o plano será um dos instrumentos mais úteis e necessários ao assessor de imprensa, apresenta-se, a seguir, um exemplo que simula uma oferta de serviços de AI a uma entidade. Como se trata de uma situação fictícia, nos campos correspondentes aos nomes da empresa de assessoria e da organização são empregadas denominações genéricas – como *AI*, *instituição* ou *entidade* –, que, em um plano real, obviamente deverão ser personalizadas.

---

**Plano de assessoria de imprensa**

**1. Apresentação**
A grande quantidade de informações à disposição dos veículos de comunicação faz que, muitas vezes, notícias de determinados setores

sejam colocadas em segundo plano. Isso porque, geralmente, as instituições desconhecem os recursos e as técnicas para que um fato se transforme em notícia a ser divulgada pelos meios de comunicação.

É aí que entra o trabalho da assessoria de imprensa, especializada na aproximação dos clientes com os mais diversos públicos, utilizando vários veículos de comunicação. Ela pode agir visando à grande imprensa, identificando espaços e explorando-os jornalisticamente, realizando contatos, divulgando opiniões e fatos de interesse do assessorado, informando seus públicos e atraindo sua atenção. A assessoria pode, ainda, aprimorar o fluxo de informações entre o cliente e públicos mais específicos, por meio da edição de jornais, revistas ou boletins dirigidos, produção de sites e elaboração de outros produtos.

Duas dessas atividades – divulgação voltada aos veículos de comunicação e edição de um informativo – são o objeto do presente plano.

## 2. Objetivos

Os serviços propostos neste plano têm como objetivos:

a) Divulgar as atividades da entidade, alcançando seus diversos públicos (internos e externos), por meio dos veículos de comunicação da capital e do interior do estado, ou, eventualmente, de outros estados brasileiros.

b) Comunicar as atividades da instituição a seus públicos-alvo, por meio de uma publicação dirigida.

c) Contribuir para a criação e manutenção de uma imagem favorável da entidade perante a opinião pública, fortalecendo, assim, sua representatividade.

d) Tornar a entidade uma fonte de informação procurada e respeitada por jornalistas dos mais diversos veículos de comunicação.

## 3. Atividades

A assessoria de imprensa proposta à entidade comporta a realização de dois tipos de atividade, que podem ser empregados isoladamente ou em conjunto. A aplicação integrada das duas alternativas certamente tornará mais eficaz o processo de comunicação entre a instituição e seus diversos públicos. Isso não significa, no entanto, que a opção exclusiva por uma delas não possa trazer bons resultados.

As alternativas são:

**Módulo I – Divulgação voltada aos veículos de comunicação**
Compreende o trabalho de divulgação das atividades da entidade visando à imprensa (jornais, revistas, emissoras de rádio e televisão, sites) da capital e do interior e, em ocasiões especiais, a veículos de outros estados e a publicações dirigidas da área de abrangência da entidade.
Eis algumas atividades da assessoria, nesse caso:

a) Redação de relises e notas e respectiva distribuição aos veículos de comunicação, divulgando as atividades da entidade.
b) Contatos com emissoras de rádio e televisão para agendar a participação de representantes da instituição em programas.
c) Organização de entrevistas coletivas, com convocação de toda a imprensa local e sucursais instaladas na cidade.
d) Envio de pautas aos veículos, sugerindo matérias nas quais a entidade torne-se fonte de informação.
e) Outras ações especiais de comunicação, de acordo com as atividades e necessidades do cliente.

**Módulo II – Edição de informativo**
Com uma publicação própria, a entidade terá um canal direto de comunicação com seus públicos prioritários. Caso haja interesse da entidade em criar sua própria publicação, a AI coloca-se à disposição para desenvolver os projetos editorial e gráfico, identificando a linguagem e a apresentação visual adequadas ao tipo de público a ser atingido.

### 4. Responsabilidades
*I – Da assessoria*
Ao prestar serviços à entidade, a AI se compromete a:

a) Cumprir os termos do plano apresentado e do contrato estabelecido entre ambas as partes.
b) Manter o cliente informado sobre cada etapa do trabalho realizado.
c) Cumprir rigorosamente os prazos conjuntamente fixados para a execução das atividades.

d) Submeter à aprovação do cliente todos os textos produzidos, seja para envio à imprensa, seja para publicação em veículo próprio da entidade.
e) Distribuir à imprensa os relises, as notas e demais materiais produzidos.
f) Fazer todos os contatos com a imprensa.
g) Coletar, arquivar e fornecer ao cliente o material publicado em jornais, revistas e sites, ou divulgado em emissoras de rádio e televisão, que diga respeito ou interesse ao assessorado.

Caso a AI preste apenas o serviço de edição de informativo à entidade, sua responsabilidade se limitará aos itens **a**, **b**, **c** e **d**, além de incluir o acompanhamento de todo o processo gráfico.

*II – Do cliente*
A entidade deverá:

a) Cumprir os termos do contrato estabelecido.
b) Informar suas principais atividades à assessoria, periodicamente, para mantê-la atualizada e apta a produzir o material de divulgação necessário.
c) Cumprir rigorosamente os prazos conjuntamente fixados.
d) Ter um representante disponível e capacitado para o atendimento à imprensa, sempre que necessário.
e) Assegurar em qualquer hipótese à empresa de AI os direitos sobre o presente plano, independentemente do fato de utilizá-lo ou não.

## 5. Custos
(Devem ser especificados levando em conta as possibilidades reais do futuro assessorado e os valores praticados no mercado.)

## 6. Informações sobre a empresa
(Neste item, a AI deve fornecer informações sobre trabalhos já desenvolvidos, citando clientes que sejam ou tenham sido por ela assessorados. Se for uma empresa pequena, com no máximo três jornalistas, é interessante acrescentar um pequeno currículo de cada um deles, a fim de que o possível cliente saiba quem são os profissionais aos quais confiará as atividades de divulgação da instituição pela qual é responsável.)

# Assessoria de imprensa a serviço da sociedade 5

O assessoramento jornalístico pode ser desenvolvido em qualquer ramo da atividade humana, bastando apenas que haja o interesse e a necessidade de divulgar informações. Capital, trabalho, política, cultura/entretenimento e terceiro setor foram as áreas em que esses dois fatores manifestaram-se com maior frequência nos últimos trezentos anos. De modo geral, existem recomendações comuns em relação à atuação do assessor em cada uma delas:

- Avaliar jornalisticamente todos os acontecimentos que envolvam o assessorado. Se uma opinião ou informação não tiver chance de aproveitamento por parte dos veículos aos quais se destina, não deverá em nenhuma hipótese ser distribuída pela AI.
- Não desprezar nenhum órgão no processo de distribuição de informações, com exceção dos órgãos que não atenderem às necessidades da AI referentes ao público-alvo.
- Evitar práticas que firam o Código de Ética do jornalismo, como pressões e tentativas de suborno, lembrando sempre: assessor de imprensa é jornalista, não lobista.
- Manter uma relação atualizada dos veículos de comunicação e dos jornalistas que possam se interessar pelas informações relativas ao assessorado e, assim, transmiti-las ao grande público.

## ASSESSORIA DE IMPRENSA E CAPITAL (JORNALISMO EMPRESARIAL)

1. Nessa área, o jornalista poderá trabalhar tanto em instituições industriais, comerciais ou agropastoris como em entidades sindicais patronais que representem o capital. Deve, portanto, possuir uma boa noção da realidade econômica e dos interesses nela envolvidos.

2. Em qualquer setor, existem dois tipos básicos de informação: a privada, que circula entre um grupo mínimo de integrantes da organização; e aquela passível de se tornar pública, que pode ou não se enquadrar nos critérios de validação de um fato como notícia. Geralmente, são quatro os fatores que tornam um fato ou uma opinião passível de transformação em notícia: *atualidade*, interessa o que é recente; *universalidade*, importa o que é comum à maioria dos receptores da informação; *proximidade*, chama a atenção do público o que ocorre ao seu redor; e *proeminência*, vale mais o que acontece com pessoas consideradas importantes. Na empresa, o assessor – preferencialmente – deve ter acesso aos dois tipos de informação, consciente de que o primeiro poderá até mesmo se constituir em, por exemplo, um segredo industrial. A sua não divulgação não deverá, no entanto, entrar em choque com o Código de Ética da profissão, que considera como dever do jornalista, entre outras coisas, a divulgação de informações de interesse público (ver Capítulo 3).

3. Para a produção de periódicos do tipo *house organ*, o assessor de imprensa deve considerar que um jornal da empresa, não raro, pode ser olhado com desconfiança pelos funcionários. É comum que a publicação retrate o patrão, como o chama o empregado, de modo extremamente favorável, sem deixar margem para controvérsias. Outro aspecto que com certeza concorre para afastar leitores é a verticalidade do periódico. Deve ocorrer o contrário: se o público são os funcionários, eles deverão parti-

cipar ativamente do jornal, sendo ouvidos e tendo espaço garantido para que se expressem. No caso de publicações de entidades patronais, também devem ser evitadas as matérias de conteúdo laudatório, que pouco contribuem para a valorização do assessorado. De fato – até pelo contato que pode ser estabelecido por qualquer pessoa com a grande imprensa –, sempre devem valer os critérios jornalísticos.

**4.** O profissional que atua na AI de uma empresa ou entidade patronal, por uma questão de moralização do mercado, deve demonstrar ao assessorado os inconvenientes de uma política de comunicação calcada em pressões sobre os veículos. A utilização da publicidade como argumento para que uma notícia potencialmente desagradável à instituição não seja veiculada consiste em uma visão equivocada. A chamada grande imprensa é sustentada por anúncios. Admitir que a empresa, como anunciante, pode barrar a veiculação de uma notícia verdadeira porém prejudicial é admitir a possibilidade de um órgão de imprensa evitar a divulgação de fatos positivos ao assessorado caso este não anuncie em tal veículo.

**5.** Em momentos de crise para o assessorado, o profissional de AI deve se portar como jornalista, facilitando o acesso de seus públicos à informação. Os instrumentos a serem usados, também nesses casos, são os de sua área de atuação, e não a divulgação de informações incorretas ou a sonegação de dados. Uma denúncia, por exemplo, sempre poderá ser respondida com uma nota oficial e/ou entrevista do responsável pela empresa ou entidade. Ao contrário, uma informação falaciosa acabará, provavelmente, desmentida; uma notícia sonegada terá um impacto muito maior ao ser veiculada após um intenso trabalho investigativo da grande imprensa.

**6.** A exemplo de outras áreas, sites e informativos distribuídos por correio eletrônico a públicos determinados podem ser, dependendo do caso, importantes ferramentas de comunicação.

## ASSESSORIA DE IMPRENSA E TRABALHO (JORNALISMO DE ASSESSORAMENTO SINDICAL)

1. Na sociedade capitalista brasileira, os meios de comunicação de massa são controlados por uma parcela da população que em geral faz parte do grupo detentor do poder econômico e político. Os interesses dos trabalhadores e de suas entidades têm entrado, ao longo da história, em choque com os dessa elite. Quem se dispõe a atuar em sindicatos não patronais deve ter consciência dessa realidade.

2. O jornalista, como assessor de imprensa de uma entidade de trabalhadores, não precisa necessariamente ser um militante. Devem ser consideradas a sua capacidade e postura profissional, não sua ideologia pessoal. No entanto, como em outras áreas, é certo que a existência de alguma afinidade com o ideário do movimento sindical facilitará a realização do trabalho, por permitir uma melhor relação entre assessor e assessorado.

3. Do ponto de vista empregatício, exigir do jornalista uma forte definição ideológica é como requerer que todos os funcionários do sindicato apresentem essa mesma definição. A homogeneidade de opiniões é, por sinal, uma crítica das entidades sindicais em relação à grande imprensa e constitui prática antidemocrática.

4. A assessoria de imprensa, comumente, subordina-se a uma secretaria de imprensa, cujo titular integra a diretoria do sindicato. No relacionamento entre ambos, o interesse jornalístico de um e o interesse político de outro precisam trabalhar lado a lado. Na dúvida, no entanto, o critério noticioso deverá prevalecer.

5. Como, dependendo do veículo, podem existir restrições políticas às entidades sindicais, os dirigentes necessitam do máximo de informações nos contatos com a imprensa. Se possível, inclusive, o assessor deverá informar as prováveis predisposições do jornalista que vai conduzir a entrevista.

6. No início de mobilizações – campanhas salariais ou greves, por exemplo –, o ideal é que haja a distribuição à imprensa de um

*press kit*, com as principais reivindicações, a proposta patronal, a evolução das discussões promovidas pela categoria, o cronograma, a indicação de fontes com seus respectivos telefones para contato etc. Em paralisações de grande porte, é conveniente o envio da agenda diária aos jornais e às emissoras de rádio e televisão. O assessor deve procurar os jornalistas apenas quando houver uma alteração significativa da situação geral da greve.

7. Para a produção de periódicos do tipo *house organ*, o assessor de imprensa precisa estudar profundamente o público, por vezes com um nível de leitura bem reduzido. Vito Gianotti (1988, p. 20) analisa o problema:

> A questão da escola que a classe operária frequenta tem uma grande importância, pois mostra uma clara contradição entre o leitor operário e o jornalista que escreve para operários. Um jornalista que faz jornais operários é um ser totalmente diferente do peão. Vivemos num país onde a distância entre o peão e o *doutor* é enorme. O jornalista não é um *doutor*, mas é um sujeito *estudado, que tem leitura*, e muita! Na nossa sociedade de hoje o peão que mal terminou um ginásio se sente inferiorizado e totalmente distante de quem frequentou qualquer universidade.

Convém ressaltar que, entre os trabalhadores, o jornalista encontrará profundas diferenças oriundas das diversas posições, teoricamente, ocupadas por eles na sociedade. Para comprovar tal fato, basta comparar profissões como a do bancário e a do operário da construção civil. Suas necessidades, seus anseios e, em especial, o acesso que tiveram ao conhecimento são, em tese, radicalmente destoantes (Gianotti, 1988, p. 15). O assessor de imprensa terá, obrigatoriamente, de adaptar o seu estilo de redação a essa realidade.

8. Nas publicações, a linguagem deve primar pela simplicidade, usando palavras comuns ao universo vocabular do público.

Em hipótese alguma, entretanto, o critério jornalístico poderá ser esquecido. O panfletarismo e o ufanismo, característicos de uma parcela significativa da imprensa sindical, carregam na emoção e na falácia em detrimento da objetividade e da honestidade (Grammont, 1990, p. 27).

**9.** A produção de periódicos para um público com baixo índice de leitura deve considerar uma apresentação visual que destaque ilustrações e fotografias, acompanhadas de textos curtos. Tudo objetivando uma melhor compreensão por parte dos leitores.

**10.** A produção de periódicos sindicais deve contar com ampla participação de seus leitores, em um processo democrático, não havendo lugar para censura ou autoritarismo.

**11.** A compra de espaços em rádio e televisão é uma alternativa usada por alguns sindicatos para falar às suas categorias e, mesmo, à sociedade em geral. Os programas, no entanto, devem ser produzidos com o mais alto rigor jornalístico. O público está acostumado a uma estrutura de rádio ou televisão que inclui comunicadores, forma de redação e efeitos sonoros com determinada padronização. O assessor precisa respeitar esses padrões no momento de planejar os programas.

**12.** A exemplo de outras áreas, sites e informativos distribuídos por correio eletrônico a públicos específicos podem ser, dependendo do caso, importantes ferramentas de comunicação. Uma página temporária pode ser extremamente útil em momentos de divulgação mais intensiva – uma greve, por exemplo –, disponibilizando informações que podem ser acessadas a qualquer momento.

## ASSESSORIA DE IMPRENSA E ESTADO (JORNALISMO DE ASSESSORAMENTO POLÍTICO)

**1.** Para muitas pessoas que detêm cargos nos poderes Legislativo e Executivo, a política assume a mais profunda conotação maquiavélica. É a busca desenfreada do poder, que admite o uso da força e da fraude para alcançar seus objetivos, como aconselha Maquiavel a Lourenço de Médici, repetidas vezes, em *O príncipe*. Esse tipo de convicção, em vez de abrir espaço na imprensa, faz que a política seja desacreditada pelos jornalistas.

**2.** O político está a serviço da população, que lhe delegou poderes para tal. Assim, é inadmissível que uma informação seja sonegada à grande imprensa e, por consequência, aos cidadãos. A assessoria de imprensa, nesse caso, é responsável pela transparência dessa relação. Como ressalta Marco Antônio de Carvalho Eid (2003, p. 56):

> Assessoria de imprensa no governo também – e sobretudo – deve ser considerada uma atividade de prestação de serviços de transmissão de notícias à mídia e, portanto, à sociedade. Ambas – a primeira como veículo e a segunda como destinatária – têm direito às informações geradas nos organismos públicos.

**3.** É necessário não confundir propaganda ideológica com informação jornalística, especialmente quando os chamados centros de poder estão envolvidos (Revilla, 1970, p. 35):

> [...] uma mera difusão de inverdades a cargo de centros deste tipo, dotados de uma considerável carga de poder e protegidos contra dificuldades, pode facilmente degenerar em propaganda, mesmo que os responsáveis não se proponham a isto explicitamente.

**4.** A tentativa oportunista de obtenção de espaço com a superprodução de material informativo referente ao assessorado prejudica mais do que auxilia. É comum, em especial no Poder Legislativo, a divulgação constante de opiniões de vereadores, deputados e senadores, esquecendo-se que à grande imprensa, na maioria das vezes, interessa mais a ação (o fato em si) do que as palavras (a opinião). Um projeto significativo poderá ter maior valor do que dezenas de declarações sobre assuntos quanto aos quais todos opinam.

5. Na assessoria a empresas estatais ou de economia mista, vale a maioria das recomendações feitas a respeito das instituições privadas. Entretanto, como organizações mantidas pelo dinheiro dos contribuintes, devem ser extremamente transparentes quanto ao relacionamento com os jornalistas.

6. Ao lidar com o Poder Executivo, é conveniente que o assessor de imprensa tenha à sua disposição o máximo de dados sobre o órgão que assessora. No gabinete de um prefeito, por exemplo, deverá haver boa quantidade de informações sobre a situação da cidade, sua história, geografia, folclore e realidade econômica. O mesmo vale para outros órgãos do Executivo, como ministérios, secretarias e empresas.

7. Algumas instâncias do poder político, pelo volume de informações envolvidas e pela importância na sociedade, possibilitam a estruturação de serviços de rádio e televisão (prefeituras e câmaras de vereadores de grandes centros, palácios dos governos estaduais e federal, assembleias legislativas, Congresso Nacional, instâncias superiores do Poder Judiciário). A produção do material informativo sonoro, audiovisual ou multimídia deve também seguir as normas jornalísticas, e não de propaganda.

8. Viagens de políticos precisam ser divulgadas com antecedência. O mais correto é produzir um *press kit*, com motivo do deslocamento, roteiro, biografia, fotografia. Entrevistas coletivas podem e devem ser combinadas com os veículos da região.

9. Embora a exigência de filiação partidária seja absurda, é necessária uma mínima afinidade de princípios entre o responsável pela AI e o seu assessorado, nesse caso. É difícil imaginar alguém de extrema direita assessorando uma pessoa de extrema esquerda ou vice-versa.

10. A difusão democrática de notícias e outras informações requer, no caso das instâncias superiores dos poderes Executivo,

Legislativo e Judiciário, a manutenção de sites próprios e a produção de informativos distribuídos por correio eletrônico a públicos determinados. Esses instrumentos de divulgação devem estar respaldados por uma estrutura que permita responder a questionamentos, críticas e opiniões variadas do público. No caso do Estado, o uso da internet, apesar do acesso ainda restrito pelo público por motivos de ordem econômica, amplia, de modo considerável, o exercício da cidadania, devendo quem trabalha na área de assessoria de comunicação social ter em mente essa noção.

## ASSESSORIA DE IMPRENSA E CULTURA/ ENTRETENIMENTO (JORNALISMO DE ASSESSORAMENTO CULTURAL)

1. A maioria dos veículos de comunicação considera como cultural o espaço que destina a cinema, música, teatro e televisão. Já a área científica começa a ganhar um pouco mais de importância na imprensa, encarando a cultura como produção de conhecimento. O entretenimento está presente tanto nos cadernos e programas de variedades como nas páginas destinadas ao esporte. Ao jornalista de AI caberá escolher o melhor espaço para divulgar as informações sobre o assessorado, adaptando-as conforme o público a que se dirigem.

2. É frequente que um jornalista da área de AI divulgue o trabalho de um músico ou grupo de teatro, por exemplo. No caso de espetáculos de médio a grande porte, é conveniente a preparação de um *press kit* com informações básicas (o quê, quem, quando, onde...), relação de músicos ou atores, fotografias, dados biográficos, lista de espetáculos já realizados etc. Para um bom resultado, o assessor deve possuir uma listagem completa de veículos que contenha, em especial, os prazos para o fechamento de edições. Algumas revistas, por exemplo, chegam a exigir o envio do material com um mês de antecedência em relação à data do evento.

**3.** Lançamentos de discos, livros ou publicações podem ser divulgados por meio de entrevistas e relises. Todo material informativo deve ser acompanhado do produto divulgado, para uma melhor análise por parte do jornalista.

**4.** Na área científica, relatórios de pesquisas e descobertas podem ser divulgados, preferencialmente, em entrevistas acompanhadas de farto material informativo: cópia da pesquisa, análise dos benefícios, resumo dos principais pontos (em linguagem jornalística), glossário técnico, fotografias dos pesquisadores etc. O assessorado precisa ser orientado a utilizar a linguagem mais coloquial possível para estabelecer contato com o público.

**5.** Na área esportiva, o assessor de imprensa deve facilitar o acesso dos jornalistas aos envolvidos no esporte, em especial no caso de veículos que possuam setoristas em determinado clube. Quando há contratação de novos jogadores, é conveniente distribuir uma biografia resumida para orientar os repórteres.

**6.** Na cobertura do dia a dia de agremiações esportivas, cabe ao assessor organizar o acesso aos jogadores, à equipe técnica e aos dirigentes, estabelecendo horários para coletivas ou entrevistas em geral. No caso de grandes competições, podem ser definidas áreas de acesso destinadas a profissionais credenciados e próximas dos locais de circulação dos atletas.

**7.** Sociedades recreativas merecem um tratamento verdadeiramente jornalístico. A época da compra dissimulada – suborno – de espaços em colunas sociais já faz parte do passado em alguns jornais. É uma prática condenável que transforma jornalistas em traficantes de influência.

**8.** No caso de criação de veículos próprios, o assessor deve considerar se uma publicação, um site e/ou até mesmo uma rádio interna são úteis à aproximação com os públicos pretendidos. Na maioria das vezes, esses veículos devem se assemelhar, em termos de linguagem, ao que é normalmente produzido pela chamada grande imprensa, preponderando sempre o caráter jornalístico.

## ASSESSORIA DE IMPRENSA E TERCEIRO SETOR (JORNALISMO DE ASSESSORAMENTO A ORGANIZAÇÕES NÃO GOVERNAMENTAIS)

**1.** A valorização da cidadania aparece como tarefa adicional de quem se dedica ao assessoramento ao chamado terceiro setor – que, segundo Bueno (2003, p. 133), abrange "empresas com responsabilidade social, entidades beneficentes, empresas doadoras (*grantmakers*), entidades sem fins lucrativos, fundos comunitários, pessoas físicas, empresas juniores sociais e até a chamada elite filantrópica" – e, em especial, as organizações não governamentais. De fato, a correta divulgação das atividades de uma ONG pode garantir a sua sobrevivência como instituição. É graças ao conhecimento de suas atividades pelo conjunto da sociedade que se dá, muitas vezes, a captação de recursos necessários à sua manutenção. Nesse sentido, quem se envolve na intermediação do fluxo de notícias entre a organização e os veículos de comunicação de massa o faz, não raro, de forma voluntária. A lógica do assessoramento, remunerado ou não, é a mesma, devendo, por exemplo, a publicação de uma nota em um grande jornal ser viabilizada pelo seu caráter jornalístico. Se for compreendido como um favor do profissional do veículo à ONG, o espaço obtido em dado momento pode, no futuro, não ser disponibilizado. Se, ao contrário, for garantido por critérios de interesse jornalístico, a instituição ganhará em credibilidade, obtendo espaços contínuos e, até, convertendo-se em pauta.

**2.** Os objetivos e atividades de uma ONG, dependendo de seu caráter, de sua área e do seu tempo de atuação, podem ser desconhecidos dos profissionais de imprensa e da sociedade em geral. É interessante, portanto, manter um bom material de apoio na forma de *press kit*, com um breve histórico da instituição, objetivos, atividades principais, indicações de fontes etc.

**3.** Do processo de construção da credibilidade de uma organização não governamental, faz parte a promoção da imagem dessa ONG como fonte de referência. Se o assessor desenvolve sua atividade segundo critérios jornalísticos, esse será um processo quase natural. Deve-se salientar que esse tipo de instituição ampara-se, em tese, na ideia de construir uma sociedade mais justa. Daí a necessidade de uma discussão interna a respeito das pessoas a serem apontadas como possíveis entrevistados por veículos de comunicação.

4. O processo de desenvolvimento da cidadania inclui o amplo debate dos problemas sociais. Para isso, servem como instrumentos, entre outros, artigos e reportagens em jornais e revistas, entrevistas e debates em programas de rádio e televisão e *chats* informativos na internet. Ao assessor, cabe identificar esses espaços, sugerindo meios para o trabalho jornalístico. Além disso, é fundamental orientar o assessorado nos seus contatos com a imprensa.

5. Dentro das possibilidades de cada organização, a manutenção de um site atualizado pode facilitar a comunicação entre a ONG e seus diversos públicos, da sociedade mais ampla a, até mesmo, instituições internacionais que possam financiar suas atividades. Principalmente para as organizações menores e com poucos recursos, como destaca Bueno (2003, pp. 143-4), "a internet tem propiciado condições para um trabalho efetivo, permitindo a disseminação de suas ideias, seja pelos sites próprios, seja pela participação de seus representantes em grupos de discussão que se multiplicam pelo mundo todo".

6. No que diz respeito ao terceiro setor, existem, como em todas as áreas de atuação do ser humano, as instituições sérias e as que deturpam o objetivo básico de uma organização não governamental. Em tese, nessa área não deveria existir espaço, por exemplo, para interesses político-partidários ou religiosos. Ao divulgar informações relacionadas a esse tipo de ONG, o assessor compromete sua atuação, perde credibilidade e contraria o que dispõe o Código de Ética dos Jornalistas Brasileiros.

# O assessorado e a imprensa  6

No que concerne aos contatos dos representantes da instituição com os jornalistas dos veículos de comunicação, cabe ao assessor de imprensa tomar todas as providências necessárias para que se obtenham os melhores resultados possíveis. Isso não só aumentará as possibilidades de divulgação das informações fornecidas pelo cliente como também fará que os jornalistas o considerem como uma fonte a ser consultada em novas ocasiões.

O assessor é o responsável pelos contatos e pela organização de todos os detalhes para a realização das entrevistas, porém, na hora de responder às questões dos repórteres, é o assessorado quem precisa ter autonomia e iniciativa, para atender satisfatoriamente às necessidades dos jornalistas e ter um bom desempenho, mesmo diante das perguntas mais embaraçosas. Desacostumado ao sistema de trabalho da imprensa, o entrevistado poderá tomar atitudes que gerem mal-entendidos e, consequentemente, problemas que interfiram na divulgação do assunto ou mesmo no futuro relacionamento da instituição com os veículos de comunicação.

Assim, o jornalista de AI deve instruir seu assessorado sobre como tratar a imprensa, de modo geral, e como se portar durante as entrevistas, em particular. É conveniente, inclusive, que esse aconselhamento seja feito não apenas oralmente, mas reforçado pela elaboração de um material escrito que possa ser consultado pelo representante da instituição toda vez que estiver se preparando para conceder uma entrevista ou entrar em contato com jornalistas. As orientações devem incluir desde normas de procedimento moral e ético até dicas de como se portar, por exemplo, diante de um microfone.

1. Quando o cliente for procurado por repórteres e não puder fornecer determinada informação, mesmo assim deverá recebê-los e explicar o porquê da impossibilidade de divulgar esses dados. Caso contrário, a imprensa criará uma imagem negativa da instituição, acreditando que haja apenas má vontade ou simples sonegação de informações. É preciso basear-se no princípio de que os jornalistas sempre deverão ser atendidos, de uma forma ou de outra, quando procurarem a instituição, pois em outros momentos ela também poderá precisar desses mesmos jornalistas.

2. A imprensa deve ser atendida amistosamente, mesmo que tenha de fazer perguntas desagradáveis. Se o assessorado for procurado pelos repórteres para falar, por exemplo, sobre uma crise pela qual a instituição esteja passando, deverá fornecer todos os dados possíveis e, em nenhum momento, tornar-se agressivo. Sabendo previamente que a entrevista tratará de um assunto controverso, precisa estar preparado para responder com dados e exemplos concretos às perguntas mais embaraçosas. Em nenhum momento poderá recorrer à mentira, pois ela será apenas um paliativo que, em vez de resolver o problema, criará outros ainda maiores. O entrevistado também não deve discutir com um repórter por ter feito uma pergunta ou comentário que vá de encontro ao seu posicionamento pessoal. Mário Erbolato (1991, p. 173) diz que "a própria realização profissional" do assessorado e a "cotação do seu trabalho na bolsa da imprensa dependem muito da imagem de isenção, confiança e escrupulosidade que ele criar no ambiente, realizando um trabalho sério e sem atritos".

3. Todas as entrevistas, até aquelas que, aparentemente, não tenham maior interesse para a instituição, devem ser consideradas importantes. Assim, o entrevistado precisa tratar com o mesmo respeito tanto o repórter de um pequeno jornal do interior quanto o de uma revista de circulação nacional.

4. O bom atendimento aos jornalistas não é sinônimo de bajulação. Quando tratado de maneira extremamente afetada, o repórter tende a sentir-se *comprado*. Da mesma forma, esse bom atendimento não dá ao entrevistado o direito de realizar posteriores cobranças e pressões. Em algumas entrevistas coletivas, por exemplo, é comum que se distribua algum tipo de brinde – ou, no jargão jornalístico, um *toco* – aos presentes. Isso, porém, não garante ao assessorado a divulgação de suas informações caso elas não possuam um real interesse jornalístico. É completamente equivocada a atitude de entrevistados que, ao constatarem a não divulgação da matéria ou a existência de alguma distorção, entram em contato com os diretores dos veículos de comunicação para exigir a punição – ou mesmo a demissão – do repórter que fez a entrevista. Esse tipo de comportamento só causa desgaste à instituição, ao passo que a AI pode resolver o problema por meios profissionais, sem criar atritos.

5. O entrevistado sempre deve ser pontual. Quando os jornalistas são convocados, por exemplo, para uma entrevista coletiva, precisam ser atendidos exatamente na hora marcada. Afinal, a coletiva será apenas uma das muitas pautas que cada repórter terá de cumprir naquele dia. Os atrasos prejudicam todo o seu trabalho e, se forem significativos, podem fazer que o jornalista, pressionado pelo tempo e pela grande quantidade de compromissos, vá embora antes da entrevista.

6. O assessorado não deve utilizar, na entrevista, um discurso preparado. Pode, entretanto, fazer notas breves, que sirvam como um roteiro para auxiliá-lo na condução das respostas. A entrevista deve ter um tom de conversa, e não de declamação.

7. Em suas respostas, o entrevistado deve fornecer dados concretos, não se limitando à criação de frases de efeito, que em nada interessarão aos repórteres. É aconselhável também que a divagação seja eliminada: os jornalistas esperam respostas curtas e objetivas, seguindo uma linha clara de raciocínio. Se o assessorado for muito vago ou lacônico diante das questões criará, da mesma forma, certo desagrado entre os representantes da imprensa – que, em vez de um simples *sim*, *não* ou *talvez*, desejam uma breve justificativa referente às posições assumidas pela instituição. Devem ser evitadas, ainda, as expressões herméticas ou excessivamente técnicas, bem como siglas ou abreviaturas não muito comuns. Se algum desses termos for necessário, deverá ser acompanhado da respectiva explicação.

8. Para um maior rendimento da entrevista, pode ser interessante destacar, no início, os pontos principais do assunto, por meio de uma breve exposição geral. Ao final, esses itens básicos devem ser reforçados, rapidamente, para que subsista a essência do tema.

9. Alguns entrevistados têm o costume de solicitar ao repórter que repita cada resposta fornecida, a fim de certificar-se de que ela foi captada de forma correta. Outros pedem que o texto final seja lido antes de sua divulgação. Esses procedimentos, mesmo que acatados, normalmente causam um grande mal-estar e podem soar como uma ofensa à capacidade profissional do jornalista. O entrevistado e o assessor devem esforçar-se para que os repórteres levem às redações informações corretas e completas, mas não têm poder de interferência desse ponto em diante. Em certos casos, no entanto – principalmente em publicações ou cadernos especializados na área científica –, o próprio veículo tem por prática solicitar que o entrevistado revise o texto antes da publicação, a fim de garantir, na abordagem de assuntos complexos, a absoluta correção e precisão das informações transcritas. Essa revisão deve se ater à conferência desse aspecto, não pretendendo

interferir na estrutura ou estilo do texto nem apontando erros gramaticais, ortográficos ou de digitação. Para isso, o periódico dispõe de profissionais especializados, que atuarão em uma etapa posterior do processo.

**10.** Ao conceder entrevistas a jornais, revistas ou emissoras de rádio, o assessorado deve procurar olhar para o entrevistador tanto enquanto estiver falando como enquanto estiver ouvindo, para criar maior proximidade e confiabilidade. Já na televisão, o olhar deve ser dirigido às câmeras – a não ser que o repórter solicite algo diferente –, para que essa relação se estabeleça com o telespectador.

**11.** Entrevistas no rádio e na televisão, geralmente, duram poucos minutos. Por isso, o entrevistado tem de aproveitar bem o tempo, fornecendo dados concretos, em respostas breves, claras e diretas. Caso contrário, limitará a quantidade de informações a serem fornecidas. Quando o tempo reservado para a entrevista estiver encerrado, o apresentador inevitavelmente terá de concluí-la, porque deve atender à programação jornalística, de entretenimento e/ou comercial da emissora.

**12.** Durante as entrevistas, em especial as de rádio e televisão, a gesticulação excessiva deve ser evitada: no rádio porque poderá fazer que o entrevistado toque ou cubra constantemente o microfone, gerando problemas acústicos; na televisão porque causará aos telespectadores um desconforto visual.

**13.** As chamadas *muletas de expressão* – por exemplo, a repetição frequente de termos como "né?", "entende?" – devem ser evitadas, pois acabam ocupando boa parte do tempo destinado à entrevista e causam certa irritação em quem está ouvindo.

**14.** Ao conceder uma entrevista a um programa de televisão, o assessorado não deve comparecer – salvo em situações excepcionais – com roupas brilhantes, com listras ou excessivamente chamativas. Acessórios que se destaquem demais, como brincos muito grandes e cintilantes, também não devem ser usados. A atenção do telespectador precisa estar voltada para o entrevistado e para aquilo que ele está dizendo, e não para detalhes de sua vestimenta. Além disso, as câmeras normalmente reproduzem esses detalhes com um brilho desagradável.

**15.** O entrevistado jamais deve segurar o microfone que está na mão do jornalista. Essa tarefa cabe exclusivamente ao repórter, que sabe como utilizá-lo e quando movimentá-lo.

**16.** Durante uma fala no rádio ou na televisão, é preciso esquecer que existe uma grande quantidade de pessoas assistindo à transmissão. Apesar de estar fornecendo informações que interessam ao público em geral, o entrevistado deve concentrar-se no apresentador do programa e dialogar como se apenas ele existisse. Caso contrário, poderá ficar extremamente nervoso e atrapalhar-se ao responder às perguntas.

**17.** O entrevistado jamais deve mencionar ao jornalista que sua empresa ou entidade faz anúncios no veículo de comunicação para o qual o repórter trabalha. Isso estabelece uma cobrança implícita, levando à suposição de que o contrato comercial dá direito à divulgação jornalística.

**18.** Quando da divulgação em meios impressos, em sites ou na televisão, o assessorado precisa compreender que, além das informações, o jornalista necessitará de fotografias ou imagens que complementem seu trabalho. Por isso, deverá franquear o acesso a produtos ou instalações que sejam objeto da notícia e não poderá recusar – salvo em situações excepcionais – que sua própria imagem seja captada. Se, por algum motivo, houver restrições nesse sentido, à assessoria caberá tomar previamente as providências indicadas. Por exemplo, em se tratando de matéria a ser produzida na unidade pediátrica de um hospital – caso em que se recomenda a não exposição da imagem de menores sem prévio consentimento –, o assessor deve providenciar, por meio de documento apropriado, a autorização dos pais ou responsáveis.

É importante lembrar, por fim, que, assim como o jornalista da grande imprensa, o responsável pela AI merece total respeito e consideração por parte de seu assessorado. Ele é um profissional especializado na área e, portanto, o mais apto para cuidar da comunicação organizacional no que se refere às práticas jornalísticas. O relacionamento entre assessor e assessorado deve estabelecer-se num nível extremamente profissional, com respeito à capacidade e às áreas de domínio de cada um. Se houver atrito ou falta de entendimento entre eles, o resultado será um trabalho incompleto e ineficiente.

# 7 Infraestrutura de uma assessoria de imprensa

Existem, basicamente, três tipos de estrutura relacionados à realização de atividades de AI:

1. *Interna*: a instituição organiza uma estrutura própria e contrata jornalistas para a execução dos serviços.
2. *Externa*: os serviços são contratados com terceiros (empresas especializadas em AI ou jornalistas autônomos).
3. *Mista*: a instituição possui uma AI interna que cobre as atividades do dia a dia e contrata terceiros para a divulgação de eventos especiais. Nesse caso, a AI interna é responsável pela supervisão dos serviços da externa.

Ao jornalista atuante nessa área, portanto, há diversas alternativas: ser funcionário de uma empresa especializada em assessoria ou do setor de AI de uma instituição; prestar serviços como autônomo (*freelancer*); constituir sua própria empresa desse ramo.

Independentemente do sistema utilizado, uma AI – seja ela uma empresa especializada ou o departamento de uma organização qualquer – deve possuir uma estrutura mínima que possibilite a realização das atividades necessárias, abrangendo desde um espaço físico adequado até a disponibilidade de certos recursos materiais e humanos.

## ESPAÇO FÍSICO

Ao organizar uma AI interna, a instituição deve reservar uma sala exclusivamente para esse setor. Ela deve ser próxima do local destinado à alta direção da organização e, se existirem, dos departamentos de relações públicas e de publicidade e propaganda. Dessa forma, a AI ganha liberdade e tem sua ação facilitada, podendo realizar um trabalho mais dinâmico.

O jornalista que organiza sua própria empresa de assessoria também deve dispor de, pelo menos, uma sala destinada apenas a esse fim. Sem um endereço fixo, os contatos, tanto com a imprensa quanto com os clientes, tornam-se mais difíceis. É conveniente que haja, ainda, uma separação física entre as áreas administrativa e jornalística da empresa de AI, a fim de garantir maior autonomia e produtividade.

## RECURSOS MATERIAIS

O porte (pequeno, médio ou grande) da instituição ou da empresa de AI determinará a aquisição ou não de determinados equipamentos. Em linhas gerais, no entanto, uma assessoria deve dispor dos recursos materiais enumerados a seguir.

**1.** *Telefone*: pelo menos uma linha deve estar permanente e exclusivamente à disposição da AI, para que seja possível tanto realizar os contatos necessários quanto atender às solicitações de jornalistas. É importante, também, que o assessor tenha um celular cujo número fique à disposição da imprensa, a fim de que possa ser facilmente localizado, a qualquer momento, para prestar informações ou intermediar contatos entre os jornalistas e o assessorado.

**2.** *Fax*: equipamento eventualmente necessário para o envio de material de divulgação, em especial relises.

3. *Computador*: serve para armazenamento de dados, pesquisa de informações, elaboração e envio de produtos da AI (relises, cartas, *press kits*, jornais) e consulta a veículos de comunicação. É necessário, portanto, usar um equipamento dotado de recursos de multimídia e com acesso a internet e correio eletrônico. No que se refere aos *softwares*, são necessários programas para edição de textos e imagens, diagramação, processamento de fotos e produção de desenhos. Um escâner permite transferir para o computador fotos e gravuras, e uma boa impressora a *laser* ou jato de tinta garante a qualidade final do material produzido.

4. *Radiogravador, televisão, videocassete e aparelho de DVD*: utilizados para o acompanhamento dos programas e também para a gravação e reprodução daquilo que se referir ou interessar à instituição assessorada.

5. *Impressos padronizados*: recomenda-se que todos os formulários necessários à atividade de AI – papéis e envelopes timbrados do assessorado ou da empresa de assessoria de imprensa, folha para taxação (ver Figura 4) etc. – estejam digitalizados e armazenados no computador, o que garante agilidade e economia. Por outro lado, como hoje a maioria dos materiais de divulgação é enviada aos veículos de comunicação eletronicamente, as antigas laudas para elaboração de textos específicos para jornais, rádios e televisões caíram em desuso, o que não impede, no entanto, que a AI mantenha uma padronização e personalização visual das mensagens remetidas, a fim de assegurar sua imediata identificação ao serem recebidas pelos veículos de comunicação.

6. *Assinatura de jornais e revistas*: os principais jornais e revistas da região, do estado e do país devem ser assinados, para oferecer à AI condições de controlar e arquivar as informações que, direta ou indiretamente, interessarem ao assessorado.

7. *Material de referência e apoio*: dicionários (de português e de outras línguas, de sinônimos e antônimos, de regência verbal e nominal etc.), atlas, mapas variados, gramáticas, almanaques,

| Kopplin e Ferraretto                   |      |       |   |
|----------------------------------------|------|-------|---|
| Consultoria e Assessoria em Jornalismo |      |       |   |
| Assessorado    |       |                |   |
| Veículo        |       | Data           |   |
| Editorial/Seção|       | Página         |   |

clipagem@kopplineferraretto.com.br

**Figura 4.** Exemplo de folha para taxação (dados fictícios).

enciclopédias e outros materiais de referência, impressos ou digitais, são fundamentais para o assessor, principalmente no momento da elaboração dos produtos destinados à divulgação das atividades de seu assessorado, garantindo a eles a maior correção possível. Também é conveniente que a assessoria elabore um manual de redação interno, que contenha as principais regras referentes a textos de jornais, revistas, rádio e televisão e considere as normas básicas da redação jornalística e a padronização média utilizada pelos veículos de comunicação.

**8.** *Equipamento fotográfico*: é interessante que a assessoria, mesmo que não seja responsável direta pela produção de fotografias, possua uma câmera digital de boa qualidade, para que possa atender a eventuais e urgentes necessidades de registro de imagens.

## RECURSOS HUMANOS

De modo geral, uma AI deve contar com os profissionais relacionados a seguir.

**1.** *Jornalistas*: são os responsáveis por captar todas as informações necessárias, elaborar os diversos produtos de AI, contatar os jornalistas dos veículos de comunicação e atendê-los, controlar as notícias divulgadas na imprensa que possam interessar ao assessorado, editar revistas, jornais ou boletins internos e externos, produzir materiais para o site do assessorado na internet ou intranet, preparar relatórios para prestação de contas ao cliente, entre outras atividades. Devem ser profissionais devidamente habilitados para o exercício da profissão que tenham, preferencialmente, amplo conhecimento sobre o trabalho jornalístico, uma razoável experiência anterior em meios de comunicação e amplo domínio das técnicas de redação e do uso da língua portuguesa. O número de jornalistas atuantes em uma AI dependerá da estrutura disponível e do fluxo de trabalho a ser realizado.

**2.** *Planejador gráfico, ilustrador, diagramador e/ou webdesigner*: esses profissionais são necessários quando a AI tem sob sua responsabilidade a edição de jornais, revistas, boletins, fôlderes, folhetos ou outros materiais impressos e/ou a produção de páginas da internet. Dependendo da quantidade de trabalho nessas áreas, poderão ficar à disposição sempre ou ser acionados esporadicamente. No primeiro caso, podem ser componentes do quadro funcional ou pode haver terceirização; no segundo, a AI utilizará o trabalho de *freelancers* ou recorrerá a empresas prestadoras desse tipo de serviço.

**3.** *Fotógrafos*: as fotografias são necessárias, algumas vezes, para complementar relises ou *press kits*, e essenciais na elaboração de jornais, revistas e sites. Profissionais dessa área podem ser funcionários da AI, autônomos ou contratados por intermédio de empresas especializadas.

**4.** *Escutas*: assessorias de maior porte poderão dispor de pessoal exclusivamente dedicado ao acompanhamento dos noticiários de rádio e televisão, para captar informações divulgadas a respeito do assessorado ou outros dados que possam interessar a ele. Quando a estrutura não permitir a contratação de escutas, o assessor deverá desempenhar essa tarefa, dentro do possível.

**5.** *Secretário*: o assessor deverá contar com o auxílio de um secretário, que realizará atividades de apoio, como: recepção a clientes; atendimento do telefone; controle da agenda; produção e arquivamento de documentos etc.

Uma AI deve, ainda, prever a necessidade de utilização de outros serviços prestados por terceiros – por exemplo, a impressão, em gráficas, de formulários ou documentos em geral. E, no caso do jornalista que abre sua própria empresa de AI, também será necessária a coordenação administrativa, contábil e financeira, que poderá ser feita por funcionários ou entregue a empresas especializadas nessas áreas.

# 8 Técnicas de redação em assessoria de imprensa

Assim como a produção de textos em jornais, revistas, emissoras de rádio, estações de televisão e sites, a redação em assessoria de imprensa – cujo principal representante é o relise – possui parâmetros próprios, delimitados conforme necessidades específicas. E cada situação envolvendo o assessorado poderá gerar um tratamento determinado no que diz respeito à elaboração da mensagem.

## RELISE

Material de divulgação produzido pela assessoria de imprensa e destinado aos veículos de comunicação. Deve ser escrito em linguagem jornalística e segundo critérios essencialmente da área, embora não tenha a pretensão de ser aproveitado na íntegra como texto final. De modo geral, a função básica do relise é levar às redações notícias que possam servir como material de apoio ou sugestão de pauta, propiciando solicitações de entrevistas ou de informações complementares.

> **! Importante**
>
> O relise deve chamar a atenção pela sua qualidade, ou seja, pelo valor das informações, do texto e de sua apresentação visual. Dados ou opiniões irrelevantes, incorreções na utilização da língua portuguesa ou erros de digitação são, portanto, inaceitáveis.

## Tipos de relise

### Padrão

Destaca, em geral, o *quê* e o *quem* da informação, ou seja, o fato em si – por exemplo, um evento – e seus personagens, como os conferencistas de um seminário ou congresso. Isso não significa que o *onde*, o *quando*, o *como* e o *porquê* sejam omitidos. O relise, nesse caso, vai apenas se ater aos detalhes principais do fato (ver Exemplo 1, página 76).

### De opinião

Texto jornalístico baseado em entrevista, no qual o assessorado expressa sua opinião a respeito de um fato relacionado a ele direta ou indiretamente. Recomenda-se a sua utilização como material adicional. Se o assessorado tem algo importante a ser dito, o ideal é recorrer a sugestões de pauta – o assunto –, indicando-o à imprensa como fonte. No caso de temas muito relevantes ou controversos, pode-se, ainda, convocar uma entrevista coletiva. Posteriormente, aos veículos cujos representantes não tiverem comparecido, sugere-se o envio de um relise de opinião como suporte da divulgação pretendida pela coletiva (ver Exemplo 2, página 77).

### Dirigido

Tipo de relise cuja produção leva em consideração as particularidades de determinado espaço jornalístico. Em geral, é distribuído a colunistas. Deve primar pela adequação da mensagem às necessidades da seção cujo público pretende atingir.

A seleção das informações e o tratamento dado a elas podem requerer uma profunda análise do estilo da coluna ou seção especializada (ver Exemplo 3A, página 78), para que seja produzido um material que, sem tentar imitá-la, atenda às suas exigências.

> **! Importante**
>
> O relise dirigido deve ser enviado apenas a um colunista, com a expressão "ESPECIAL PARA (nome do espaço a que se destina)" em local visível.

Observe no Exemplo 3B (página 79) como o relise foi produzido para se adaptar ao espaço Panorama Econômico, do jornal *Correio do Povo*, de Porto Alegre, sendo, inclusive, redigido com um título curto, como o da coluna visada.

## Especial

Essa modalidade está para o relise-padrão como a grande reportagem – aqui entendida como a matéria jornalística que, ao representar um aprofundamento qualitativo, explora o como e o porquê do fato (Rabaça e Barbosa, 1987, p. 509) – está para a notícia mais simples. Esse tipo de relise contextualiza o fato, mostrando suas causas e consequências, o qual sempre apresenta alguma ligação com o assessorado. Geralmente, é produzido por solicitação de um veículo de comunicação impossibilitado de cobrir o acontecimento em que a instituição ou pessoa atendida pela assessoria está envolvida. Deve, portanto, adaptar-se às normas de redação do jornal ou revista a que se destina. Precisa respeitar, inclusive, o tamanho do texto determinado pelo veículo (ver Exemplo 4, páginas 80-1).

> **! Importante**
>
> Deve ser enviado apenas ao veículo que solicitou sua produção, com a expressão "ESPECIAL PARA (nome do veículo a que se destina)" em local visível.

## Artigo

Texto opinativo, cuja redação final é feita pelo jornalista com base em um esboço elaborado pelo assessorado. Destina-se à publicação em espaços reservados às editorias de opinião dos veículos. É preciso ter em mente que o assessor apenas dará um tratamento jornalístico ao texto, mas as ideias e estrutura básica são responsabilidade do assessorado (ver Exemplo 5, páginas 82-3).

> **! Importante**
> Cada artigo deve se destinar a um único veículo, com a expressão "ESPECIAL PARA (nome do jornal ou revista)" em local visível.

## Para rádio e televisão

Esses dois tipos de relise devem ser produzidos apenas em algumas situações especiais, sendo a mais comum a divulgação de eventos em programas que apresentam entrevistas, reportagens e notícias diversas. Isso porque o assessor de imprensa não pode ter a pretensão de atingir por meio de relises os principais noticiários de rádio e televisão, que vivem do fato extremamente atual e importante do ponto de vista jornalístico. Havendo informações suficientemente valiosas para ocupar tais espaços, é aconselhável que o assessor faça um contato telefônico com a imprensa ou promova a organização de entrevistas com o assessorado (ver Exemplos 6 e 7, página 84).

| Divulgação de eventos | Produção de relises para programas em geral |
|---|---|
| Fatos ou opiniões relevantes | O assessor deve passar a informação por telefone (se for urgente) ou promover a aproximação entre o assessorado e a imprensa, visando a espaços nos noticiários de rádio e televisão. |

> **! Importante**
> Os textos, neste tipo específico de relise, devem ser redigidos conforme as convenções de rádio e televisão.

## Para internet

É frequente, na relação com portais de conteúdo da internet, o recurso a relises dos tipos padrão, de opinião ou dirigido, oferecendo informações quantitativamente mais completas. Em alguns casos, no entanto, se o assessor julgar adequado, poderá produzir, segundo o estilo dos sites visados, textos curtos, pretendendo a máxima utilização do material produzido. Recomenda-se o uso desse recurso, por exemplo, para a divulgação em agendas de eventos de portais especializados (ver Exemplo 8, página 85).

## Cobertura

Resultado do acompanhamento de um evento durante a sua realização, distribuído aos veículos de comunicação cujos representantes não estiveram presentes (ver Exemplo 9, página 86).

## Convocação

Espécie de carta que informa a imprensa sobre a organização da cobertura jornalística de determinado evento. É usada geralmente com o objetivo de atrair os veículos de comunicação para entrevistas coletivas ou abertura de eventos, podendo ser acompanhada de outros tipos de relise ou fazer parte de um *press kit* (ver Exemplo 10, página 87).

## Nota oficial

Texto distribuído em situações críticas, que requeiram um posicionamento forte e definido do assessorado (Figura 5). Pode ser enviada aos veículos em geral e/ou publicada em jornais como matéria paga (ver Exemplo 11, página 88).

| |
|---|
| **Cabeçalho** |
| **Introdução** <br> (cita o motivo da nota oficial) |
| **Desenvolvimento** <br> (esclarece o que ocorreu, em geral enumerando <br> decisões, motivos e atos do assessorado) |
| **Encerramento** <br> (inclui dados que reforçam a imagem institucional da organização) |
| **Assinatura** <br> (nome e cargo do responsável pela organização assessorada) |

**Figura 5.** Estrutura básica de uma nota oficial.

> **! Importante**
>
> Embora não seja um texto nitidamente jornalístico, a nota oficial deve ser redigida sem chavões, clichês, lugares-comuns, frases feitas, vícios de linguagem ou expressões excessivamente empoladas.

## Comunicado

Contém informações para o jornalista, e não para o veículo. Pode incluir, por exemplo, formas de contato com uma fonte ou indicação de mudança de telefone da assessoria (ver Exemplo 12, página 89).

### Congresso aborda relação entre alimentação e saúde

"Alimentar-se bem para viver melhor" é o tema do 1º Congresso Brasileiro de Alimentação Saudável, que acontece de 1º a 3 de setembro de 20XX, no Centro de Convenções do Hotel Internacional, em Porto Alegre. Especialistas do Brasil, dos Estados Unidos e da Espanha vão participar do encontro promovido pela Federação Gaúcha de Nutrição.

Entre os palestrantes, estão Rosemary Rendall, diretora do Instituto de Pesquisas em Nutrologia dos Estados Unidos; e Mempo Hernandez, presidente da Federação Espanhola de Alimentação Saudável. Rendall vai apresentar dados inéditos sobre a epidemia de obesidade entre os norte-americanos. Já Hernandez deve abordar a relação entre a dieta mediterrânea e a longevidade.

Além das conferências dirigidas aos profissionais da saúde, ocorrem palestras e oficinas gratuitas voltadas à comunidade em geral. Os participantes vão aprender a preparar refeições saudáveis e a controlar a quantidade de calorias consumidas diariamente.

Mais informações podem ser obtidas no site do Congresso – http://www.congressosaudavel.com.br – ou pelo telefone (51) 0000-0000.

Data: 00.00.0000
Jornalista Fulano de Tal
Registro profissional n. 0000

**Exemplo 1.** Relise-padrão (dados fictícios).

## Obesidade vai causar aumento de doenças graves entre jovens

"Se as crianças derem continuidade à atual tendência à obesidade, provocada pela alimentação inadequada e pelo sedentarismo, cada vez mais enfrentarão, prematuramente, doenças antes restritas a adultos de meia-idade." O alerta é de Joana Falk, presidente da Federação Gaúcha de Nutrição e do 1º Congresso Brasileiro de Alimentação Saudável, que acontece de 1º a 3 de setembro de 20XX, em Porto Alegre.

Segundo a nutróloga, pesquisas realizadas recentemente nos Estados Unidos demonstram que houve entre os jovens norte-americanos, nos últimos vinte anos, um crescimento na incidência de fatores de risco relacionados a doenças cardíacas, como colesterol alto e hipertensão, e de complicações do diabetes tipo 2, como cegueira e insuficiência renal. Joana Falk esclarece que isso se deve, principalmente, aos maus hábitos alimentares e à falta de atividades físicas. "Muitos meninos e meninas vivem em apartamentos e condomínios, com suas atividades girando em torno do computador, da televisão e do *video-game* e sua alimentação baseada em guloseimas industrializadas e *fast-food*", explica.

Os elevados índices de obesidade observados nos Estados Unidos apresentam, segundo a especialista, mais um agravante: eles estão se reproduzindo em outros países, devido à forte influência cultural norte-americana. No Brasil, por exemplo, apesar da variedade e ampla disponibilidade de frutas frescas, as crianças cada vez mais consomem apenas salgadinhos e outros produtos industrializados, que contêm elevados índices de gordura e diversas substâncias nocivas à saúde. Falk anuncia que, graças a esse processo, estima-se em 10% a parcela da população infantil brasileira considerada obesa. "Se os jovens não forem estimulados a ter uma alimentação mais saudável e a praticar exercícios físicos, as futuras gerações", constata a pesquisadora, "vão incluir mais e mais indivíduos potencialmente doentes."

Data: 00.00.0000
Jornalista Fulano de Tal
Registro profissional n. 0000

**Exemplo 2.** Relise de opinião (dados fictícios).

## PANORAMA ECONÔMICO / Denise Nunes

### Energia exige 40 bilhões de dólares

Pelo que disse ontem, em Recife, o secretário nacional de Planejamento e Desenvolvimento Energético, Márcio Zimmermann, o pleito do governo gaúcho para ampliar os empreendimentos eólicos no Estado tem futuro. As fontes alternativas de energia, entre elas os ventos, terão que ser utilizadas para completar o atendimento da demanda dos próximos dez anos, que exigirão investimentos de 40 bilhões de dólares. O inconveniente talvez seja a espera. Quando tiver no Estado para a inauguração do Parque Eólico de Osório, o secretário nacional de Energia Elétrica, Ronaldo Schuck, avisou que a segunda etapa do Proinfa depende da conclusão da primeira, fase, no ano que vem, e de novas regras. De qualquer forma, as novas fontes são prioritárias, ainda que as hidrelétricas tenham garantida a participação predominante na matriz energética brasileira. Elas demandam grandes investimentos e exigem um longo prazo de implantação, mas utilizam fonte gratuita (água), permitem geração em escala e têm uma vida útil de cem anos, como ressaltou Zimmermann.

### Prospecção

Uma ação conjunta da Sedai e do Sindipedras/RS levou seis empresários do Estado para a 16ª Feira Internacional de Pedras Preciosas (Fipp), que acontece até sábado em Teófilo Otoni, Minas Gerais. O principal foco da participação é o mercado externo, já que o evento atrai compradores do mundo inteiro.

### Colombo aplica novo conceito em SP

O presidente das Lojas Colombo, Adelino Colombo, desembarca hoje em Campinas, onde inaugura a segunda loja premium da rede, no Shopping Parque Dom Pedro, o maior da América Latina. A Colombo será uma das âncoras. O conceito premium, focado em inovação e interatividade, foi inaugurado em dezembro, no Iguatemi, com projeto da Gad Design.

### Desprendimento

O senador Paulo Paim defendeu ontem, na Fiergs, uma agenda mais frequente de encontros entre empresários e senadores em torno dos interesses da economia do Rio Grande do Sul. Segundo ele, iniciativas do tipo já deram certo em outras ocasiões, quando questões pessoais ou de grupos foram sublimadas.

## Univias — Seus caminhos, nosso compromisso.

### Troca de nomes

Maurício Roorda é o novo diretor da TIM no Rio Grande do Sul. Ele estava na operadora desde 2000 e já ocupava a diretoria para Santa Catarina e Paraná. Assumirá, portanto, a região Sul. Roorda substitui Carlos Gabriel Cupo, nomeado diretor da TIM para São Paulo.

### Ambiente

Em franco crescimento, a indústria vitivinícola começa a prestar mais atenção no meio ambiente. Para evitar problemas, a Salton investiu R$ 1,5 milhão na construção de uma estação de tratamento de efluentes, com piscinas subterrâneas de 3 milhões de litros.

### O risco

Como a maioria dos resíduos sólidos é aproveitada, o principal problema ambiental para as vinícolas são as águas de lavagem. A estimativa é que cada litro de vinho elaborado gere quatro litros de água residual ou efluente. O volume médio de água utilizada no período de safra é de 400 mil litros por dia.

### Premiada

A Frölich foi escolhida pela Abad o Melhor Atacadista Distribuidor do RS. Receberá o prêmio em Curitiba.

### Ponto final

A ATP terá uma comitiva, liderada pelo presidente Ênio Roberto dos Reis, no Seminário Nacional da Associação Nacional das Empresas de Transportes Urbanos (NTU), que acontece dia 23 em Brasília. Na pauta do encontro anual, temas como mobilidade urbana, vale-transporte, bilhetagem eletrônica, acessibilidade e carga tributária.

A aquisição da Filler pela Germani Alimentos teve o dedo da Marpa Marcas e Patentes, que avaliou a marca de Santa Cruz do Sul em quase R$ 2 milhões. O negócio envolveu também a fábrica, orçada em mais de R$ 10 milhões.

O Shopping Total inova com uma promoção relâmpago: uma sirene alertará os consumidores para 12 horas de ofertas nas 490 lojas, com foco no Dia dos Pais.

A promoção Alerta Total será uma prévia da Legítima Loucura Total, que acontecerá até o início de setembro.

O grande Feirão Feliz Fiat, realizado no final de semana passado, no Iguatemi, atendeu às expectativas. Os lançamentos dos novos modelos Pálio Fire e Siena Fire estimularam as vendas, em torno de 200 veículos.

E-mail: deni@correiodopovo.com.br

**Exemplo 3A.** Panorama Econômico.
(Fonte: *Correio do Povo*, Porto Alegre, 9 ago. 2006, p. 11.)

ESPECIAL PARA Panorama Econômico – *Correio do Povo*

## Nova linha de crédito

Roberto Penteado de Carvalho é o novo diretor-presidente do Banco Gaúcho de Investimentos. O economista anunciou que sua prioridade é a implantação, antes do final do ano, de uma nova linha de crédito para a indústria e o comércio. Carvalho também pretende modernizar as agências instaladas em 130 municípios do Rio Grande do Sul e de Santa Catarina, ampliando o sistema de autoatendimento.

Data: 00.00.0000
Jornalista Fulano de Tal
Registro profissional n. 0000

**Exemplo 3B.** Relise dirigido (dados fictícios).

ESPECIAL PARA jornal – *Bairro Esperança*

## Nova unidade vai atender cinco mil pacientes por ano

Milhares de portadores de câncer comemoraram o corte da fita inaugural da Unidade de Oncologia do Hospital Municipal de Porto Alegre, na tarde de terça-feira (29.8.20XX). Afinal, o novo serviço passa a oferecer atendimento quimioterápico e radioterápico pelo Sistema Único de Saúde (SUS), atendendo a uma grande demanda, antes reprimida. A estimativa da direção do HMPA é de que 5 mil pacientes sejam beneficiados anualmente. Para os moradores do bairro Esperança, onde o hospital está localizado, a inauguração da unidade representa a possibilidade de obter assistência sem que sejam necessários longos e cansativos deslocamentos até centros mais distantes, como vinha ocorrendo até então.

A quimioterapia corresponde ao uso de medicamentos para o tratamento curativo ou paliativo do câncer. Embora não exija a internação do paciente, requer instalações ambulatoriais especiais, onde os quimioterápicos são administrados e as equipes médica e de enfermagem acompanham todo o procedimento. Já a radioterapia consiste na aplicação, por meio de equipamento específico (o acelerador linear) e em local apropriado, de doses de radiação destinadas a destruir o tumor.

Para implantar a Unidade de Oncologia, o hospital investiu R$ 6 milhões, com o apoio do Ministério da Saúde. "Foi reformada parte do ambulatório para abrigar a quimioterapia e construída uma área específica para a radioterapia, respeitando todas as especificações técnicas que garantem segurança aos pacientes, aos funcionários e ao meio ambiente", ressaltou o diretor-geral do HMPA, Antônio Ricardinni. O dirigente também anunciou que o hospital já está buscando recursos para a ampliação do serviço. "Nossa intenção é instalar, dentro de dois anos, um aparelho de braquiterapia, outra opção de tratamento radioterápico do câncer", revelou.

### COMBATE AO CÂNCER

Segundo dados do Ministério da Saúde, o câncer é a terceira maior causa de mortes por doença entre os brasileiros, representando 12% do total, o que equivale a cerca de 115 mil óbitos. A estimativa é de que surjam, a cada ano, 300 mil novos casos. Entre os tipos mais comuns, estão o de mama, pele, pulmão, boca, colo do útero e próstata. Em algumas situações, seu surgimento está relacionado a fatores genéticos, mas também existe uma forte ligação com os hábitos de vida, como alimentação, tabagismo e consumo de bebidas alcoólicas.

De acordo com o chefe da Unidade de Oncologia do HMPA, Andrei Springestein, o diagnóstico rápido e tratamentos como a quimioterapia e a radioterapia são armas importantes no combate à doença, mas a prevenção também possui papel fundamental. Por isso, juntamente com a inauguração de seu novo serviço, o hospital lançou o manual *Câncer: orientações ao cidadão*, que contém informações básicas sobre características, sintomas, prevenção e tratamento. O livreto, com textos em linguagem acessível e muitas ilustrações, está sendo distribuído gratuitamente aos pacientes e visitantes do HMPA e também em alguns locais estratégicos. Os moradores do bairro Esperança podem obter exemplares no posto de saúde, nas escolas públicas e nas farmácias.

Springestein acrescenta, ainda, que a unidade recém-inaugurada vai contar, em breve, com grupos de apoio a portadores de câncer e seus familiares. A intenção é possibilitar um contato mais próximo entre os cidadãos e as equipes de saúde, além do intercâmbio de experiências entre pessoas que enfrentam o problema. Segundo o médico, o HMPA pretende, com esse conjunto de ações, transformar-se em um centro de referência na área de oncologia, disponibilizando para a população não apenas tratamento, mas também acesso permanente a informações e orientações.

A Unidade de Oncologia do Hospital Municipal de Porto Alegre atende a população de segundas a sextas-feiras, das 7 às 19 horas, e aos sábados, das 7 às 13 horas. O encaminhamento de pacientes ao serviço é feito por médicos especialistas, com o agendamento de consultas por meio dos postos de saúde da rede municipal. Já os grupos de apoio devem começar a se reunir em outubro, com reuniões quinzenais. As inscrições para participação nos grupos vão ser abertas no dia 1º de setembro, na secretaria do serviço (andar térreo do HMPA – rua Silva Santos, 400). Outras informações podem ser obtidas pelo telefone (51) 0000-0000 ou na internet (http://www.hmpa.br). No site, também está disponível a versão eletrônica do manual de orientações.

Data: 00.00.0000<br>
Jornalista Fulano de Tal<br>
Assessoria de Comunicação Social/ HMPA<br>
Registro profissional n. 0000

**Exemplo 4.** Relise especial (dados fictícios).

ESPECIAL PARA Editoria de Opinião – jornal *Xxxxxxxxxxxxxx*

## Brasil do futuro precisa repensar a alimentação

Quando Pero Vaz de Caminha escreveu a famosa carta em que anunciava, ao rei de Portugal, a descoberta do Brasil, não pôde deixar de expor seu deslumbramento com a capacidade desta terra, na qual, "em se plantando, tudo dá". De fato, o país, com sua diversidade climática, foi e é capaz de produzir uma variedade imensa de alimentos. Seria de supor, portanto, que a mesa dos brasileiros fosse uma das mais ricas do mundo em termos de qualidade nutricional. Mas não é o que se observa na realidade.

O Instituto Brasileiro de Geografia e Estatística constatou, em um estudo recente, que 40 milhões de brasileiros adultos apresentam excesso de peso e 3,8 milhões são obesos. A mesma pesquisa relacionou esse quadro ao consumo exagerado de açúcar, de produtos industrializados – especialmente biscoitos, salgadinhos e refrigerantes – e de lanches servidos em redes de *fast-food*, aliado à crescente perda de prestígio de alimentos como o feijão, o arroz, as frutas e as verduras. Some-se a isso o fato de que o dia a dia nas grandes cidades, com sua falta de tempo e suas comodidades (o carro, o elevador, a televisão...), estimula o sedentarismo. Assim, o resultado dessa equação vai ser, inevitavelmente, menos saúde e menor qualidade de vida.

Mas existe um dado ainda mais alarmante: esse panorama não se restringe aos adultos. Estima-se que entre 20 e 25% das crianças e dos adolescentes brasileiros sofrem de obesidade ou sobrepeso, problema que, segundo a Organização Pan-americana da Saúde, cresceu 240% nas duas últimas décadas. Paralelamente, observa-se que os jovens, tentados pelos lanches rápidos, salgadinhos, doces e refrigerantes, ampla e indiscriminadamente propagandeados pelos meios de comunicação, não querem saber de hortaliças, frutas ou cereais. Em consequência, estão padecendo, cada vez mais, de enfermidades antes predominantes entre adultos, como taxas elevadas de colesterol, hipertensão, problemas cardíacos e complicações do diabetes tipo 2.

A riqueza alimentar ofertada pela generosa terra brasileira, portanto, não alcança o cardápio de grande parte da população. Há também, sem dúvida, em relação a determinadas faixas da população, a influência da questão econômica, que restringe o acesso a diversos tipos de produtos; porém, o problema não se restringe a esse aspecto. Basta lembrar, como também atestam certas pesquisas, que as dietas mais desbalanceadas estão presentes entre indivíduos da classe média, que, muitas vezes, gastam mais comendo em lanchonetes do que desembolsariam para custear uma alimentação saudável. Da mesma forma, muitos adultos de considerável poder aquisitivo optam por comprar para seus filhos pacotes e pacotes de produtos industrializados, geralmente mais caros do que uma boa quantidade de frutas e legumes.

Observa-se, então, que, muitas vezes, o problema é mais cultural do que econômico. Uma questão de estilo de vida. É mais rápido, fácil e prático servir a uma criança, como lanche, um saquinho de batatas fritas do que descascar uma laranja. Ou, no almoço, colocar um congelado no micro-ondas do que preparar uma refeição equilibrada. E há mais um fator: o jovem quer, precisa consumir aqueles produtos da moda, que todos comem, que a mídia divulga incessantemente, sente-se compelido a isso. Tudo isso está inserto, inclusive, no contexto da dependência cultural brasileira em relação aos Estados Unidos, país em que a obesidade, adulta e infanto-juvenil, já é crônica, devido a seus péssimos hábitos alimentares – que nós, habitantes de uma terra em que, em se plantando, tudo dá, insistimos em imitar. De lambuja, copiamos, como revelam as estatísticas, seus problemas de saúde.

É hora, portanto, de o Brasil do futuro repensar sua alimentação, dando uma chance ao que pode estar ao alcance de todos: mais saúde, mais qualidade de vida, maior longevidade. De 1º a 3 de setembro, o 1º Congresso Brasileiro de Alimentação Saudável, que acontece em Porto Alegre, vai reunir profissionais preocupados com essa questão. Especialistas do país e do exterior vão debater a relação entre a nutrição e a saúde. Entre eles, estará presente Rosemary Rendall, diretora do Instituto de Pesquisas em Nutrologia dos Estados Unidos, que vai apresentar dados inéditos sobre a epidemia de obesidade entre os norte-americanos, que vem crescendo assustadoramente. Essas informações podem indicar a direção para a qual, dada nossa atual tendência imitativa, vamos nos encaminhar. Ou – e é o que desejamos – servir de alerta quanto àquilo que devemos nos esforçar para evitar, adotando hábitos alimentares mais saudáveis e condizentes com a nossa realidade.

Joana Falk
Presidente do 1º Congresso Brasileiro
de Alimentação Saudável

Data: 00.00.0000
Jornalista Fulano de Tal
Registro profissional n. 0000

**Exemplo 5.** Artigo (dados fictícios).

O escritor norte-americano Tadeusz Young lança, no dia 20, em Porto Alegre, seu novo livro: *Máscaras de um dia de outono*./
A iniciativa é da Bookstore Distribuidora e da Cotidiano Editores, com o apoio do Banco Gaúcho de Investimentos./
A obra de young será apresentada pela primeira vez ao público brasileiro./
A sessão de autógrafos tem início às sete e meia da noite no átrio cultural do BGI Centro de Eventos.//

Data: 00.00.0000
Jornalista Fulano de Tal
Registro profissional n. 0000

*Observação:*
O prenome do escritor – TADEUSZ – pronuncia-se "tadu'ch".

**Exemplo 6.** Relise para rádio (dados fictícios).[1]

| Apresentador | Vivo | *Alimentar-se bem para viver melhor.* Esse é o tema do **Primeiro Congresso Brasileiro de Alimentação Saudável**. O evento acontece de 1º a 3 de setembro, em Porto Alegre. Mais informações no site www.congressosaudavel.com.br ou pelo telefone (51) 0000-0000. |
|---|---|---|
| GC http://www.congressosaudavel.com.br (51) 0000-0000. | | |

Data: 00.00.0000
Jornalista Fulano de Tal
Registro profissional n. 0000

**Exemplo 7.** Relise para televisão (dados fictícios).

---

1. Observe, neste exemplo, que há uma orientação quanto à pronúncia pouco conhecida do prenome do autor em questão.

### Alimentação saudável

"Alimentar-se bem para viver melhor". Esse é o tema do 1º Congresso Brasileiro de Alimentação Saudável, que acontece de 1º a 3 de setembro no Hotel Internacional, em Porto Alegre. Especialistas do Brasil, dos Estados Unidos e da Espanha vão participar do encontro promovido pela Federação Gaúcha de Nutrição. Mais informações no site http://www.congressosaudavel.com.br ou pelo telefone (51) 0000-0000.

Data: 00.00.0000
Jornalista Fulano de Tal
Registro profissional n. 0000

**Exemplo 8.** Relise para internet (dados fictícios).

## Obesidade entre jovens amplia
## número de doenças e mortes

A crescente epidemia de obesidade infanto-juvenil vai fazer que, nas próximas gerações, muitas crianças morram antes de seus pais, devido a doenças graves adquiridas em função dos maus hábitos alimentares e do sedentarismo. O alerta foi feito pela diretora do Instituto de Pesquisas em Nutrologia dos Estados Unidos, Rosemary Rendall. A pesquisadora participou ontem (1º.9.2006) do 1º Congresso Brasileiro de Alimentação Saudável, que acontece até amanhã, no Hotel Internacional, em Porto Alegre.

"Nos Estados Unidos, 33% dos novos casos de diabetes entre jovens de 10 a 19 anos são do tipo 2, relacionado a fatores como obesidade, sedentarismo e envelhecimento", exemplifica Rendall. Segundo a nutróloga, esse quadro seria impensável há vinte anos, quando o mais comum era que crianças e adolescentes desenvolvessem diabetes tipo 1, dependente exclusivamente de fatores genéticos. As complicações da doença, acrescenta a especialista, estão entre as principais causas de morte precoce em decorrência da obesidade, ao lado da hipertensão e de problemas cardiovasculares.

De acordo com Rosemary Rendall, a situação preocupante não é exclusividade dos norte-americanos, já que se estima existirem 5 milhões de crianças obesas em todo o mundo. Pior ainda, ressalta, é a tendência de aumento desses indicadores nas próximas décadas, causando mais doenças e ampliando a mortalidade. Além disso, a pesquisadora lembra que o problema tem outras consequências sociais e econômicas, como as dificuldades de inserção dos jovens na comunidade graças à baixa autoestima decorrente da aparência física e ao aumento da demanda por serviços de saúde, cujos postos de atendimento precisarão se reestruturar para receber um número crescente de portadores de doenças crônicas. "A única maneira de reverter esse quadro é por meio de ações educativas efetivas, com pais, professores, profissionais da saúde, poder público e organismos internacionais empenhados em promover uma mudança radical nos hábitos alimentares e no estilo de vida", enfatiza Rendall.

Data: 00.00.0000
Jornalista Fulano de Tal
Registro profissional n. 0000

**Exemplo 9.** Relise de cobertura (dados fictícios).

Porto Alegre, 20 de agosto de 20XX.

Prezado(a) jornalista:

Temos a satisfação de convidar este veículo para a entrevista coletiva "Alimentação e saúde no Rio Grande do Sul", no próximo dia 24 de agosto, quando será apresentado um levantamento estatístico realizado pela Federação Gaúcha de Nutrição, relacionando hábitos alimentares e prevalência de doenças.

Todas as informações sobre a coletiva foram anexadas a este convite, além de algumas sugestões de assuntos que podem ser abordados.

Aproveitamos a ocasião para convidá-lo(a) a participar do 1º Congresso Brasileiro de Alimentação Saudável, de 1º a 3 de setembro, no Centro de Convenções do Hotel Internacional, em Porto Alegre. A assessoria de imprensa estará instalada no saguão de entrada.

Colocamo-nos à sua inteira disposição para mais informações.

Atenciosamente,

Jornalista Fulano de Tal
Assessor de imprensa
Registro profissional n. 0000

**Exemplo 10.** Convocação (dados fictícios).

| | |
|---|---|
| Cabeçalho | **NOTA OFICIAL – BANCO GAÚCHO DE INVESTIMENTOS** |
| Introdução | Principal instituição financeira privada do Rio Grande do Sul, o Banco Gaúcho de Investimentos (BGI) comunica aos seus clientes e ao público em geral que, apesar da paralisação em parte de suas agências, estão garantidos os rendimentos de todas as aplicações financeiras e a isenção de multas com juros na prestação de serviços diversos. Esclarece ainda que: |
| Desenvolvimento | Nos dois dias úteis após a reabertura das agências poderão ser feitas movimentações de recursos em cadernetas de poupança e fundos de investimento retroativas aos dias de greve.<br>Contas – água, energia elétrica, telefone etc. – vencidas durante a paralisação poderão ser pagas até dois dias depois da reabertura.<br>O Banco Gaúcho de Investimentos está empregando todos os esforços para atualizar os extratos de seus inúmeros clientes.<br>Os portadores de Cheque Especial Banco Gaúcho vão receber seus talões pelo correio, nos próximos três dias. Os demais correntistas devem procurar as agências em que os funcionários não aderiram à paralisação.<br>O Banco Gaúcho de Investimentos mantém-se aberto a novas negociações com seus empregados, objetivando resolver o problema o mais breve possível.<br>Em caso de dúvidas, a central de informações do Banco Gaúcho de Investimentos está à disposição do público pelo telefone (51) 0800-000-0000. A ligação é gratuita. |
| Encerramento | A diretoria do Banco Gaúcho de Investimentos pretende, assim, honrar sua tradição de 55 anos a serviço da comunidade em 130 municípios do Rio Grande do Sul e de Santa Catarina, sempre contribuindo para o desenvolvimento regional e nacional. |
| Assinatura | Roberto Penteado de Carvalho<br>Diretor-presidente |

**Exemplo 11.** Nota oficial (dados fictícios).

Porto Alegre, 17 de setembro de 2006.

Prezado(a) jornalista:

Informamos que, a partir do próximo dia 24, os números de telefone da assessoria de imprensa do Banco Gaúcho de Investimentos passarão a ser os seguintes:

(0xx51) 0000-0000
(0xx51) 0000-0000 (tel./fax)

Para facilitar o acesso a nossos serviços, também podemos ser contatados pelo celular:

(0xx51) 0000-0000

Seguimos, no entanto, utilizando os mesmos endereços na internet:

http://www.bancogaucho.com.br/assessoria (portal de informações)
assessoria@bancogaucho.com.br (e-mail)

Como sempre, estamos à sua inteira disposição.

Atenciosamente,

Jornalista Fulano de Tal
Assessor de imprensa
Registro profissional n. 0000

**Exemplo 12.** Comunicado (dados fictícios).

> **! Importante**
>
> Comunicados e convocações devem ser formatados de modo que, quando impressos, possam ser inseridos em um papel timbrado do assessorado ou da agência de AI. Para as demais modalidades, recomenda-se também a inclusão de logotipos, sempre evitando que estes sejam excessivamente *pesados* no caso de arquivo digital. Lembre-se: a recepção de relises enviados por correio eletrônico também deve ser rápida e simples para os profissionais de veículos de comunicação.

## O RELISE E OS GÊNEROS JORNALÍSTICOS

### Informativo

É o gênero fundamental do relise, por destacar o fato em seu estado puro, limitando-se à descrição de seus aspectos principais.

### Interpretativo

Representa um aprofundamento qualitativo da informação, por contextualizar melhor o fato, apresentando sua dimensão comparada, a remissão ao passado, a interligação com outros fatos, a incorporação a uma tendência e a projeção para o futuro (Rabaça e Barbosa, 1987, p. 346).

Em raras ocasiões o assessor de imprensa se permitirá produzir um relise de gênero interpretativo. A rigor, quem deve fornecer informações desse tipo é o jornalista do veículo de comunicação. No entanto, os relises especial e de cobertura podem se prestar a um tratamento dessa espécie, o que vai requerer uma boa quantidade de dados – estatísticas, implicações sociais, causas, consequências e assim por diante –, para a contextualização do assunto em foco.

## Opinativo

Engloba um julgamento próprio a respeito de determinado acontecimento. Cabe aqui um esclarecimento:

> Não se deve confundir interpretação com opinião. A interpretação é constituída de elementos adicionais que tornam a informação mais explícita e contextualizada. Opinião é o ponto de vista expresso, é o juízo que se faz do assunto. (Rabaça e Barbosa, 1987, p. 347)

No âmbito da assessoria de imprensa, o artigo corresponde ao único espaço em que a opinião do autor do texto pode ser claramente expressada.

> **! Importante**
>
> O texto opinativo parte do pressuposto de que todo assunto enfocado como problema possui causas, consequências e possíveis soluções. Na área de AI, especialmente, é oportuno evitar a personalização (uso de pronomes como "eu", "nós", "nosso"), que dá uma conotação interesseira ao artigo.

Resumidamente, os gêneros jornalísticos e os tipos de relise podem ser relacionados da seguinte forma:

| Gênero informativo | Gênero interpretativo | Gênero opinativo | Relises não jornalísticos |
|---|---|---|---|
| Padrão<br>De opinião<br>Dirigido<br>Para rádio<br>Para televisão<br>Para internet | | Artigo | Convocação<br>Nota oficial<br>Comunicado |
| | Especial*<br>Cobertura* | | |

*Admitem, conforme o caso, tratamentos diferentes.

## O TRATAMENTO DA INFORMAÇÃO

1. O texto deve ser produzido com base em rigorosos critérios de seleção e tratamento das informações. Segundo Luiz Amaral (1986, p. 49), o estilo jornalístico é marcado por frases breves, palavras curtas, preferência pelo vocabulário usual, ordem direta (sujeito, verbo e complemento), utilização de adjetivos somente quando necessário, verbos vigorosos (preferencialmente na voz ativa) e, por ser positivo, evitando expressões com a palavra "não" (por exemplo, usa-se "negar" em vez de "não aceitar").

2. Na absoluta maioria dos casos, os relises devem ser redigidos de acordo com a técnica da pirâmide invertida (Figura 6), com as informações hierarquizadas em ordem decrescente de importância. Podem fugir a essa regra apenas as categorias não jornalísticas (convocações, notas oficiais, comunicados).

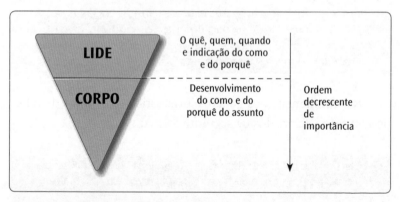

**Figura 6.** Pirâmide invertida.

3. No que concerne à assessoria de imprensa, a instituição é, muitas vezes, mais forte do que seus representantes. Assim, em alguns casos, como na divulgação de pesquisas e levantamentos, pode-se dizer que a fonte da informação é a entidade representada pela pessoa que passa os dados aos jornalistas. O papel do

indivíduo assessorado deverá ser o de analista das informações. Desse modo, a forma mais precisa seria:

 **Use**

As vendas no comércio varejista em Porto Alegre caíram 7% no mês de julho em relação ao mesmo período no ano passado. A informação faz parte do levantamento divulgado nesta quarta-feira (9.8.2006) pelo Instituto de Estudos Econômicos do Rio Grande do Sul.[2]

**X E não**

As vendas no comércio varejista em Porto Alegre caíram 7% no mês de julho em relação ao mesmo período no ano passado. A informação foi divulgada nesta quarta-feira (9.8.2006) pelo presidente do Instituto de Estudos Econômicos do Rio Grande do Sul, Fulano de Tal.

**4.** Muitas vezes, o assessor lida com terminologia especializada, que deve ser convenientemente explicada, em particular quando a mensagem destina-se a um grande público.

**5.** O relise é malvisto por uma parcela considerável de jornalistas. Assim, é aconselhável que sua redação considere os mínimos detalhes. Um exemplo é a menção da fonte nas ocasiões em que, de outra forma, a passagem da informação possa parecer baseada em interesses não jornalísticos.

 **Use**

O Instituto de Estudos Econômicos do Rio Grande do Sul promove o II Encontro Regional de Integração Latino-americana, que será realizado de 23 a 25 de agosto, no Centro de Eventos do Mercosul, em Porto Alegre. Segundo o presidente do IEE, Fulano de Tal, o objetivo é...

---

2. Neste e nos demais exemplos, são citadas instituições, pessoas ou informações fictícias, procurando simular situações do cotidiano de assessorias de imprensa.

> **✗ E não**
>
> O Instituto de Estudos Econômicos do Rio Grande do Sul promove o II Encontro Regional de Integração Latino-americana, que será realizado de 23 a 25 de agosto, no Centro de Eventos do Mercosul, em Porto Alegre. O objetivo do evento é...

# O RELISE PARA VEÍCULOS IMPRESSOS
## O tamanho

O relise é um texto objetivo. Contém informações que, no processo de redação de notícias de um veículo, serão analisadas prontamente, dada a necessidade de que não haja perda de tempo. Deve, portanto, primar pela brevidade, não devendo seu tamanho exceder cerca de 1.200 toques. Dependendo do tipo de relise, porém, esse número poderá variar (rever Exemplos 1 a 12, páginas 76 a 89).

## O título

O título deve anunciar, de forma atraente, o assunto do relise, resumindo-o. No cotidiano da AI, é necessário muito cuidado durante a produção do título, pois o material se destina a um especialista no assunto: o jornalista do veículo de comunicação.

O número de toques e linhas varia de uma publicação para outra. Por isso, não é possível definir um padrão único para o tamanho dos títulos de relises. Entretanto, como seu objetivo não é ser publicado integralmente, e sim condensar a informação e chamar a atenção para ela, sugere-se a adoção de um padrão de duas linhas de 24 a 32 toques (incluindo letras, sinais, algarismos e espaços) cada uma, que se aproxima do que é praticado por muitos periódicos e é uma medida que pode comportar um resumo razoável da informação em linguagem jornalística, proporcionando, ainda, um destaque visual adequado.

Alguns assessores colocam, com frequência, o nome da entidade ou da empresa no título, o que, no entanto, deve ser feito somente quando estritamente necessário do ponto de vista jornalístico.

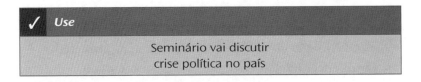

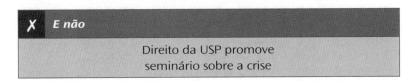

Contudo, na situação a seguir, o emprego do nome do assessorado no título estaria correto, uma vez que essa informação é de utilidade pública:

> Ônibus da empresa Carris
> circulam apesar da greve

Quando o relise referir-se mais a um indivíduo do que a uma instituição – o que, geralmente, ocorre com o de opinião –, o nome dessa pessoa poderá, caso seja conhecido pelo público, aparecer no título; nas situações em que não houver essa notoriedade, o assessorado deverá ser identificado por seu cargo ou profissão.

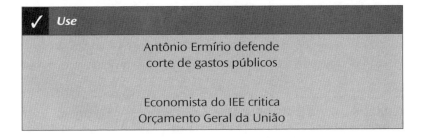

| ✗ E não |
|---|
| João Tadeu Melo critica Orçamento Geral da União |

Como nos jornais e revistas, a elaboração do título dos materiais de AI segue normas que tornam sua ação mais efetiva. As principais encontram-se resumidas no quadro a seguir.

| Use | Evite | Não use |
|---|---|---|
| a) Verbos (preferencialmente, no presente,[3] na voz ativa e colocados na primeira linha do título). b) Maiúsculas apenas quando a língua portuguesa exigi-las e conforme critérios jornalísticos. c) Ordem direta (sujeito, verbo e complemento), de preferência. | a) Títulos sem verbo. b) Verbos no passado ou na voz passiva. c) A pontuação interna. d) Artigos definidos ou indefinidos no início do título. e) O gerúndio e o particípio. f) Formas negativas. g) O condicional (futuro do pretérito). | a) Maiúsculas em todo o título. b) Quebras separando sílabas ou palavras que componham uma expressão. c) Ponto final, de exclamação ou de interrogação. d) Expressões ambíguas, jogos de palavras, rimas, repetições e chavões. e) Abreviaturas. f) Pronomes oblíquos. g) Piadas e trocadilhos. h) Siglas pouco conhecidas. |

## O texto – principais convenções

A redação do relise obedece a uma média estabelecida com base nas convenções adotadas pelos jornais e revistas que vão

---

3. O verbo poderá, ainda, ser usado no futuro composto – "vai analisar" –, evitando-se, assim, o futuro simples – "analisará".

receber esse material informativo. O texto produzido em uma assessoria de imprensa não deve ser confundido com uma mensagem meramente institucional, ou seja, aquela que pretende criar, perante o público, uma imagem favorável (Rabaça e Barbosa, 1987, p. 338). Textos com esse tratamento estão relacionados ao trabalho de publicitários ou de relações-públicas. Do ponto de vista do assessor de imprensa, a imagem positiva será consequência do desenvolvimento de um trabalho jornalístico. Assim, o relise, para que seja transformado em notícia pelos periódicos a que se destina, precisa receber um tratamento rigorosamente jornalístico.

## Cargos, funções ou profissões

Devem ser mencionados sempre antes dos nomes dos respectivos ocupantes. Afinal, é devido a seu cargo, função ou profissão que o assessorado será notícia. São grafados com inicial minúscula: presidente, governador, prefeito, secretário, diretor, papa, cardeal, e assim por diante.

## Datas

O relise pode ser distribuído a publicações com diversos tipos de periodicidade. Daí a necessidade de precisar a data do fato ao qual o texto se refere. Assim, se o *quando* da notícia for indicado por meio de expressões como "ontem", "hoje", "amanhã" ou mesmo pelo dia da semana, é conveniente a colocação, entre parênteses, da respectiva data (ver "Outras convenções", na página 102).

Exemplo:

> O presidente da República viaja nesta sexta-feira (18.8.20XX) para...

## Declarações

Podem ser incluídas no texto das seguintes formas:

| | |
|---|---|
| Textual sem conetivo[4] | O presidente da República afirmou: "O Brasil precisa entender que há uma necessidade geral de modernizar o país". ou O presidente da República afirmou: — O Brasil precisa entender que há uma necessidade geral de modernizar o país. |
| Textual com deslocamento da fonte | Intercalação "O Brasil", disse o presidente da República, "precisa entender que há uma necessidade geral de modernizar o país." Deslocamento para o final do período "O Brasil precisa entender que há uma necessidade geral de modernizar o país", disse o presidente. |
| Não textual e sem conetivo | O presidente da República defendeu ontem a modernização geral do país. |
| Mista (textual e não textual) | O presidente da República defendeu ontem a modernização geral do país, dizendo que "o Brasil precisa entender essa necessidade". |

É preciso atentar, ainda, para a forma correta de utilização das aspas:

| Função | Pontuação | Exemplo |
|---|---|---|
| Indicar declarações textuais ou a citação de trechos de livros, documentos ou outras fontes. | Dentro das aspas quando estas englobam todo o período. | "Fi-lo porque qui-lo." Assim o ex-presidente Jânio Quadros explicou sua renúncia. |
| | Fora das aspas quando estas englobam apenas uma parte do período. | "Fi-lo porque qui-lo", afirmou o ex-presidente Jânio Quadros, explicando sua renúncia. |

---

4. Essa estrutura deve ser evitada no relise por ser menos fluente, não se adaptando às necessidades da área de assessoria de imprensa.

Alguns verbos – denominados *de elocução* – e expressões são utilizados para introduzir declarações, textuais ou não, nas matérias jornalísticas:

| Verbos de elocução | | |
|---|---|---|
| Aconselhar | Concordar | Informar |
| Acreditar | Confirmar | Justificar |
| Acusar | Considerar | Lamentar |
| Admitir | Constatar | Lembrar |
| Advertir | Declarar | Mencionar |
| Afirmar | Defender | Narrar |
| Alegar | Definir | Negar |
| Alertar | Denunciar | Perguntar |
| Analisar | Desafiar | Prometer |
| Anunciar | Descrever | Propor |
| Apontar | Desmentir | Protestar |
| Argumentar | Destacar | Questionar |
| Assegurar | Dizer | Reafirmar |
| Avaliar | Duvidar | Reconhecer |
| Citar | Esclarecer | Ressaltar |
| Comentar | Explicar | Revelar |
| Concluir | Expor | Salientar |

| Expressões para introduzir declarações | |
|---|---|
| Conforme<br>Para<br>De acordo com<br>Segundo<br>Na opinião de | Nome da fonte |

## Entretítulos (ou intertítulos)

Servem para marcar uma pausa no texto, reforçando algum aspecto que será tratado a seguir. O ideal é que sejam usados a cada 25 ou 30 linhas. Portanto, sua utilização não é frequente em materiais de assessoria de imprensa, restringindo-se aos textos mais extensos – artigos, relises especiais ou relises de cobertura. Nesses casos, a forma adotada deverá ser a mais comum no veículo a que o material se destinar (ver Figuras 7 e 8).

> A **Folha** tentou ouvir, durante a tarde de ontem, os dois vice-presidentes da mesa diretora da Assembléia, Kaká Mendonça (PTB) e Haroldo Santos (PP), mas ninguém atendeu em seus gabinetes.
>
> **Salário**
> O STF (Supremo Tribunal Federal) suspendeu ontem uma lei estadual de Rondônia que fixou o salário do governador Ivo Cassol em R$ 18.000. Depois de sete meses em vigor, o próprio Cassol decidiu contestá-la judicialmente.

Figura 7. *Folha de S.Paulo* (São Paulo).

> Alísio Vaz, vice-presidente do Sindicato Nacional das Distribuidoras de Combustíveis (Sindicom), também não acredita na volta dos preços aos níveis registrados durante a safra passada, já que, além de uma demanda forte no Brasil, ainda há o crescimento das vendas de álcool para o Exterior. Cerca de 20% da produção está sendo destinada para fora do país. Em outros anos, as exportações do produto não passavam de 15% do total.
>
> **Frete e tributos tornam combustível mais caro**
>
> Para piorar a vida do motorista, o mercado mundial de açúcar continua aquecido, o que também reduz o volume de álcool. Os usineiros estão produzindo mais açúcar do que combustível neste ano, ao contrário do ano passado. Em julho, as exportações de açúcar cresceram 36,9%, na comparação com o mesmo mês de 2005.

Figura 8. *Zero Hora* (Porto Alegre).

## Formas de tratamento

Nunca use, no texto, formas como "senhor" e "dona" para apresentar alguém. Profissionais como médicos, engenheiros e advogados não devem ser chamados de "doutores", utilizando-se, em vez disso, a denominação de sua profissão. "Doutor" é o indivíduo que possui curso de pós-graduação em nível de doutorado. Mesmo nesses casos, deve-se recorrer ao uso desse título apenas quando for necessário à notícia.

> **! Importante**
>
> Quando mencionados pela primeira vez no texto, os nomes devem aparecer por extenso e precedidos pelos respectivos cargos, funções ou profissões. Depois, pode ser usado um ou outro, havendo inclusive a possibilidade de utilizar apenas o prenome ou o sobrenome, dependendo de qual for o mais conhecido pelo público.

## Caixa-alta

Na redação de relises, recomenda-se restringir o emprego das caixas-altas – maiúsculas – às situações de uso consagradas pela grande imprensa. A prática de grafar nomes de instituições ou entidades assessoradas inteiramente com esse tipo de letra deve, portanto, ser evitada.

## Itálico e negrito

O *itálico* – recurso de destaque de palavras caracterizado pelos tipos inclinados para a direita – é normalmente usado em palavras, expressões ou citações em língua estrangeira (exceto substantivos próprios) e nos títulos de livros, revistas, jornais, filmes, programas de televisão ou rádio, peças de teatro ou exposições artísticas. No caso de vocábulos em outros idiomas, pode-se adotar também o **negrito** – recurso que faz que os traços das letras da palavra em questão apareçam de forma mais marcante do que os das demais.

## Outras convenções

| | | | |
|---|---|---|---|
| **Datas** | Dia | Algarismos arábicos | 17 de setembro de 1989 |
| | Mês | Por extenso | |
| | Ano | Algarismos arábicos | |
| **Dinheiro** | Moeda nacional | Símbolo | R$ 100 |
| | Centavos | Por extenso | 20 centavos |
| | Cifras redondas | Zeros substituídos por mil, milhão, bilhão... | R$ 100 mil |
| | Cifras quebradas | Algarismos arábicos | R$ 26.569 |
| | Moedas estrangeiras[5] | Forma mista | 40 milhões de dólares |
| **Horários** | Horas, minutos e segundos | Com os símbolos h, min e s (com minúsculas, sem plural ou ponto) | Completou a maratona em 2h55min12s |
| | Exceção | Intervalos de tempo | O encontro durou três horas e 15 minutos |
| **Números cardinais** | De 0 a 10 | Por extenso | zero, um, dois, três, quatro, cinco, seis, sete, oito, nove, dez |
| | Demais | Algarismos arábicos | 17, 18, 19, 20, 21... |
| | Exceção: 100 e 1.000 | Por extenso | Cem, mil |
| | Números redondos | Forma mista | 5 mil pessoas, 1,4 bilhão de habitantes |
| | Números quebrados | Algarismos arábicos | 15.302 pagantes |
| **Números ordinais** | Basicamente, seguem as mesmas convenções aplicadas aos números cardinais | | |
| **Números romanos[6]** | Reis, papas, nomes oficiais de entidades e eventos, leis e documentos | | |
| | Séculos, capítulos, planos, distritos | | |

---

5. Indique, entre parênteses, a conversão em reais.
6. Nunca use os símbolos º ou ª após números romanos. A forma correta é Paulo VI, e não "Paulo VIº".

| Frações | Por extenso | | Meio, dois terços, três quintos |
|---|---|---|---|
| Pesos e medidas | Números | Regras específicas | Cinco metros, 30 quilômetros, um grama |
| | Símbolos | Por extenso | |
| Porcentagem | Números | Algarismos arábicos | 5%, 40% |
| | Símbolo | Sinal de porcentagem | |
| Siglas | Primeira aparição no texto | Por extenso e com a sigla entre parênteses | A Federação das Indústrias do Estado de São Paulo (Fiesp)... |
| | Com até três letras | Maiúsculas (sem ponto) | CUT, CIA, PUC, USP |
| | Com mais de três letras, lidas uma a uma | Maiúsculas (sem ponto) | FGTS |
| | Com mais de três letras e pronunciadas como palavras | Apenas a inicial com maiúscula (sem ponto) | Unicamp, Petrobras |

## O RELISE PARA VEÍCULOS ELETRÔNICOS: RÁDIO

Tendo em mente o fato de que os relises para emissoras de rádio – assim como aqueles destinados às estações de televisão e aos portais informativos da internet – são utilizados apenas em ocasiões especiais, o assessor deve considerar, durante a sua produção, alguns parâmetros básicos.

## O tamanho

O relise para rádio deve adotar a forma do texto corrido, ou seja, aquele lido por um único locutor, em que um período segue-se ao outro na composição da notícia, sendo este o formato que caracteriza a maioria dos textos radiofônicos: boletins de repórteres, comentários e editoriais, além de notas para sínteses noticiosas (Ferraretto, 2001, p. 206). Desse modo, o tamanho da notícia corresponde a, em média, seis a oito linhas, com cada período ocupando cerca de duas linhas e meia.

> **! Lembre-se**
>
> 1 linha ←→ 72 caracteres ←→ 5 segundos
> De 6 a 8 linhas ←→ de 432 a 576 caracteres ←→ de 30 a 40 segundos
> 12 linhas[7] ←→ 864 caracteres ←→ 1 minuto

## O texto – principais convenções

Para atingir seus objetivos, o relise especialmente destinado a emissoras de rádio deve ser produzido com base nas normas respeitadas por esse segmento da comunicação de massa. Comparativamente ao texto radiofônico tradicional, o relise para rádio possui pequenas diferenças quanto à normalização.

### Lide

No texto radiofônico, o primeiro período é o lide. Nessa parte, portanto, deve constar a informação mais importante, que será detalhada no restante do relise para esse tipo de veículo.

### Simplificação do nome de instituições

É comum, nas emissoras de rádio, a simplificação de denominações de entidades que são pouco conhecidas do público. Provavelmente, se o assessor insistir em colocar o nome por inteiro, os profissionais dos veículos de comunicação vão reduzi-lo ou, o que é pior, rejeitar o relise.

---

7. As antigas laudas – formulários-padrão usados para a redação de textos antes da informatização dos veículos de comunicação – possuíam, no máximo, doze linhas, tamanho utilizado como referência para a contagem de tempo por corresponder a aproximadamente um minuto.

Lembre-se, portanto:

| Use formas simplificadas, como: | E não: |
|---|---|
| Sindicato das Financeiras | Sindicato das Empresas de Crédito, Investimento e Financiamento do Estado do Rio Grande do Sul |
| Sindicato das Imobiliárias | Sindicato das Empresas de Compra, Venda, Locação e Administração de Imóveis do Rio Grande do Sul |

## Itálico

O relise para rádio pode utilizar o itálico para destacar denominações de obras literárias, produções musicais, peças teatrais, realizações cinematográficas etc.

## Diferenciação em relação a outros meios

O texto radiofônico possui algumas convenções extremamente diferentes daquelas empregadas em outros meios. As principais são mencionadas no quadro a seguir.

| | |
|---|---|
| Alinhamento | O texto é alinhado à esquerda |
| Barras | Facilitam a leitura. Utilizam-se uma barra (/) após o ponto em cada período do texto e duas ou mais (//) depois do ponto final, indicando o término da nota. |
| Declarações | Mesmo as literais são grafadas sem aspas. |
| Formatação | Espaçamento triplo entre as linhas. |
| Maiúsculas | Nomes de pessoas são grafados com maiúsculas para que sejam ressaltados. Por exemplo, "O presidente do Instituto de Estudos Econômicos do Rio Grande do Sul, Fulano de Tal, afirma..." |
| Mudança de linha | Sílabas e nomes de pessoas ou de instituições nunca são separados ao final da linha. É preferível escrever tudo na linha seguinte. |

*Continua*

| | |
|---|---|
| **Tempo verbal** | Os tempos verbais preferenciais são o presente e o futuro (composto). No entanto, caso a clareza e a exatidão da notícia sejam prejudicadas, deve-se recorrer ao pretérito e suas variantes. Por não ser coloquial, evita-se o futuro simples. Portanto, utilize "promove" ou "vai promover" em vez de "promoverá". |
| **Linguagem oral × linguagem escrita** | Algumas expressões, por vezes admissíveis na linguagem escrita, soam pedantes no rádio. A linguagem oral deve fluir; por isso, é essencial que o texto não seja telegráfico. Artigos, por exemplo, não podem ser suprimidos. Períodos e palavras simples não significam pobreza vocabular. |

## Outras convenções

| | | | |
|---|---|---|---|
| **Datas** | Dia | Regra dos cardinais | quatro de setembro de 1989, 17 de setembro de mil 989 |
| | Mês | Por extenso | |
| | Ano | Algarismos arábicos ou forma mista | |
| **Dinheiro** | Por extenso (os números seguem a regra dos cardinais) | | cinco mil e 500 reais |
| **Horários** | Horas, minutos e segundos | Por extenso e na forma coloquial | cinco horas, cinco da tarde (e não 17h ou 17 horas) |
| **Números cardinais** | De 0 a 9 | Por extenso | zero, um, dois, três, quatro, cinco, seis, sete, oito, nove |
| | Demais | Algarismos arábicos | 15, 20, 30 |
| | Exceções | Escreva: | E não: |
| | | onze | 11 |
| | | vinte e dois | 22 |
| | | trezentos e trinta e três | 333 |
| | | cem | 100 |
| | | mil | 1.000 |
| | | um milhão | 1.000.000 |
| | | dois mil 485 | 2.485 |

| | | |
|---|---|---|
| **Números cardinais** | De 0 a 9 Por extenso | zero, um, dois, três, quatro, cinco, seis, sete, oito, nove |
| **Números ordinais** | Por extenso, evitando o uso de "décimo primeiro" em diante | |
| **Números com vírgula e percentuais** | Por extenso (o primeiro número segue a regra dos cardinais) | 27 vírgula cinco por cento |
| **Frações** | Por extenso | Meio, dois terços, três quintos |
| **Telefones** | Por extenso ou em arábicos, com espaçamento | três-quatro-sete--seis, dois-oito, três-quatro ou 3476 – 28 – 34 |
| **Pesos e medidas** | Por extenso (o numeral segue a regra dos cardinais) | um grama, 10 quilômetros |
| **Siglas** | Somente as mais comuns não precisam aparecer por extenso. Usam-se pontos quando cada letra é pronunciada | CUT, C.G.T., Petrobras |
| **Unidades estrangeiras** | Devem aparecer junto com seus correspondentes utilizados no Brasil | |

> **! Importante**
> No texto corrido, parênteses ou aspas não são utilizados.

# O RELISE PARA VEÍCULOS ELETRÔNICOS: TELEVISÃO
# O tamanho

Do ponto de vista jornalístico, a informação contida no relise para televisão é menos importante que a grande maioria do material noticioso produzido pela própria emissora. Portanto, o assessor deve primar pela brevidade, utilizando períodos de, no máximo, quatro linhas. O relise não deve exceder dez linhas.

> **! Lembre-se**
> 
> 1 linha ⟷ 32 caracteres ⟷ 2 segundos
> 10 linhas ⟷ 320 caracteres ⟷ 20 segundos

## O texto – principais convenções

### Formatação

Deve haver espaçamento triplo entre as linhas e uso de maiúsculas no texto inteiro. Verifique, no entanto, o padrão adotado pela emissora: é possível que as informações técnicas sejam grafadas com maiúsculas e o restante com minúsculas. Se necessário, indique também as informações referentes ao gerador de caracteres (rever Exemplo 7, página 84).

### Itálico

O relise para televisão pode utilizar o itálico para destacar denominações de obras literárias, produções musicais, peças teatrais, realizações cinematográficas etc.

### Tempo verbal

Como no rádio, são preferíveis o presente e o futuro (composto). No entanto, caso a clareza e a exatidão da notícia possam ser prejudicadas, deve-se recorrer ao pretérito e suas variantes. Por não ser coloquial, evita-se o futuro simples. Portanto, utilize "promove" ou "vai promover" em vez de "promoverá".

### Linguagem oral × linguagem escrita

Neste item, cabem as mesmas recomendações feitas a respeito do texto radiofônico. O texto deve fluir, de modo coloquial, mas sem se afastar das normas que regem a língua portuguesa. Por exemplo, condena-se, em relises, o uso de simplificações – como "tá" em lugar de "está" ou "pra" em vez de "para" – e de gírias.

## Outras convenções

| | |
|---|---|
| **Dinheiro, horários, números cardinais e ordinais, números com vírgula, percentuais, frações, telefones, pesos e medidas** | Seguem as normas do texto radiofônico. Lembre-se, no entanto, de que os números devem ser arredondados. |
| **Siglas** | Quando cada letra é pronunciada, devem ser colocados hifens entre os caracteres: C-G-T. Além disso, apenas as menos conhecidas aparecem por extenso. |
| **Unidades estrangeiras** | Devem aparecer junto com seus correspondentes utilizados no Brasil. |

## O RELISE PARA VEÍCULOS ELETRÔNICOS: INTERNET

## O tamanho

Na redação do texto para internet deve-se considerar, como recomenda José Benedito Pinho (2003, pp. 183-4), que o monitor do computador provoca no internauta uma reação diferente daquela apresentada pelo leitor de um material impresso:

> A primeira questão está relacionada com a fisiologia da visão humana. A luz do monitor do computador faz com que o leitor pisque menos os olhos, o que pode resultar em fadiga visual. A tela do monitor também está fixa em uma mesa e os olhos são forçados a se ajustarem ao tamanho do tipo de letra do texto que está sendo visualizado. Essas condições adversas levam a pessoa a ler 25% mais devagar na tela do monitor e, assim, o texto preparado para a internet deve ser cerca de 50% mais curto do que aquele escrito para papel.

Portanto, o texto destinado à veiculação em portais informativos da internet deve ser conciso, aproximando-se, nesse aspecto, da redação para rádio ou para televisão, porém adotando convenções semelhantes às seguidas pelos veículos impressos.

## O título

Sugere-se a colocação de um pequeno título, com no máximo quatro ou cinco palavras. Esse elemento deve ser encarado, essencialmente, como uma referência para o profissional a que se destina o relise. Tenha em mente que, se for utilizado na íntegra, o que também pode ou não ocorrer com o texto, isso representará um resultado extra do processo de divulgação.

## O texto – principais padrões

### Parágrafos

Não devem ter mais de seis linhas, de modo que, em caso de utilização do relise na íntegra, os blocos de texto sejam visualizados em sua totalidade na tela, diminuindo a necessidade do recurso à barra de rolagem. Pelo mesmo motivo, cada parágrafo deve conter uma informação completa.

### Formatação

Recomenda-se que não se incluam no texto tabulações e recuos de parágrafo. Isso para facilitar o processamento do material em sua transição para o formato HTML, independentemente do *software* que for empregado pelo site ao qual se destina o material.

### Uso de listas

A redação para internet é voltada para o chamado leitor superficial, aquele que apenas corre os olhos pelo conteúdo. O ideal, portanto, é utilizar, quando possível, listas com marcadores para expor conteúdos que, em publicações impressas, apareceriam na forma de texto corrido.

## ✓ Use

Entre os palestrantes do Congresso, estão confirmadas as presenças de:
- Rosemary Rendall, diretora do Instituto de Pesquisas em Nutrologia, sediado na Califórnia, que vai apresentar dados inéditos sobre a epidemia de obesidade nos Estados Unidos;
- Mempo Hernandez, presidente da Federação Espanhola de Alimentação Saudável, que vai abordar a relação entre a dieta mediterrânea e a longevidade.

## ✗ E não

Entre os palestrantes, estão a norte-americana Rosemary Rendall, diretora do Instituto de Pesquisas em Nutrologia, sediado na Califórnia; e o catalão Mempo Hernandez, presidente da Federação Espanhola de Alimentação Saudável. Rosemary Rendall vai apresentar dados inéditos sobre a epidemia de obesidade nos Estados Unidos. Já Hernandez deve abordar a relação entre a dieta mediterrânea e a longevidade.

## ! Muito importante

Em caso de dúvida entre a produção de relises específicos para veículos eletrônicos ou o envio a estes de material mais abrangente porém produzido para meios impressos, recomenda-se a segunda opção. A remessa de um bom relise-padrão é sempre preferível à possibilidade de uma incompreensão por parte dos jornalistas de mercado.

# 9
# Organização de entrevistas coletivas

A entrevista coletiva, segundo Carlos Alberto Rabaça e Gustavo Guimarães Barbosa (1987, p. 238), é aquela em que "a personalidade atende à imprensa em conjunto, respondendo às perguntas de repórteres de diversos veículos de comunicação". Constitui-se em um recurso significante para o assessor de imprensa, porque possibilita a divulgação de fatos e/ou opiniões relacionados ao seu cliente de forma dinâmica e com resultados abrangentes.

Quanto à sua organização, as coletivas podem ser classificadas em espontâneas e provocadas.

*Espontâneas* são as que ocorrem sem a intervenção direta do assessor de imprensa. Ele pode, e deve, no entanto, facilitar a realização da entrevista, o que garante, muitas vezes, importantes espaços nos noticiários das emissoras de rádio e televisão. Um exemplo: ao desembarcar, às 11h30, no aeroporto da cidade, uma personalidade – que tem entrevista coletiva agendada para as 14h – encontra um grupo de jornalistas que desejam obter antecipadamente determinadas informações. O assessor, nessa situação, não deve impedir o trabalho dos repórteres, apesar da coletiva já programada. Caso contrário, a instituição perderia a oportunidade de divulgação nos noticiários que vão ao ar, em rádios e televisões, em horários próximos ao meio-dia.

*Provocadas* são aquelas organizadas pelo assessor, dependendo das necessidades do cliente e seguindo critérios jornalísticos. O profissional de AI deve saber identificar a necessidade e a oportunidade para a convocação de coletivas. Assim, precisa, por um lado, conhecer amplamente a realidade da instituição para a qual trabalha e, por outro, dominar os critérios que tornam um fato notícia – atualidade, universalidade, proximidade e proeminência. Chamar a imprensa sem que haja um acontecimento de real interesse a ser divulgado só causará desgaste, tanto ao assessor quanto ao assessorado.

## CONVOCAÇÃO

Ao preparar uma entrevista coletiva, o jornalista de AI deve tomar alguns cuidados para que não só as necessidades da instituição, mas também as da imprensa, sejam satisfatoriamente atendidas. O primeiro deles diz respeito aos horários, que precisam estar adaptados aos de fechamento redacional nos jornais e revistas e à programação da maioria das emissoras de rádio e televisão. Pela manhã, o melhor horário é o das 9h30; à tarde, as entrevistas devem iniciar entre 14h30 e 15h. Já a escolha do dia dependerá de dois elementos: a existência de fatos simultâneos que também demandem cobertura por parte da imprensa (por exemplo, a coincidência com a chegada de um ministro, fato que concentraria as atenções dos repórteres, fazendo que a coletiva para anunciar medidas tomadas por determinada instituição – no caso, a assessorada – fosse esvaziada); e as datas de fechamento de cadernos especiais de jornais e revistas (se o fato a ser divulgado na coletiva se relacionar, por exemplo, com a cultura, será preciso realizá-la antes dos dias de conclusão dos suplementos dessa área).

O assessor deve convocar todos os veículos que possam se interessar pelo assunto da entrevista e com corpo próprio de repórteres. A *mailing list* (ver Capítulo 10) da entrevista deve considerar jornais, emissoras de rádio e televisão, revistas de informação geral, publicações técnicas e especializadas, agências de notícias e sites. A comunicação a respeito da realização da coletiva deve ser feita não apenas a repórteres, mas também a pauteiros, chefes de reportagem e editores de cada veículo.

Para anunciar a entrevista, o assessor de imprensa utiliza o relise de convocação (ver Capítulo 8), que inclui os dados básicos (local, horário, data, entrevistado, assunto) e pode trazer, ainda, sugestões de pontos ou questões a serem discutidos. O currículo do entrevistado é colocado no próprio relise ou, se for muito extenso, de forma anexa.

Outro produto de AI presente na convocação de coletivas é o *press kit* (ver Capítulo 11). Contendo textos, fotos, cópias de documentos e outros materiais, complementa o trabalho de repórteres, pauteiros, chefes de reportagem ou editores. Deve incluir: o relise de convocação (e, em alguns casos, um relise-padrão ou de opinião); o currículo e a foto do entrevistado; o histórico da instituição que ele representa; levantamentos estatísticos sobre o tema em questão; sugestões de assuntos a serem abordados durante a entrevista.

Por último, o jornalista de AI é responsável pela preparação do seu assessorado para a entrevista. Fornecendo orientações gerais sobre como um entrevistado deve se portar e tratar os repórteres, garantirá que a coletiva aconteça sem atritos e obtenha os melhores resultados possíveis (ver Capítulo 6).

## ESTRUTURA

Quanto a esse aspecto, uma entrevista coletiva pode ser simples ou americana.

*Simples* (Figura 9) é aquela que ocorre em pequenos ambientes, com número reduzido de repórteres, os quais fazem as perguntas que quiserem, em ordem aleatória. Antes do questionamento, o entrevistado pode ou não resumir brevemente o assunto.

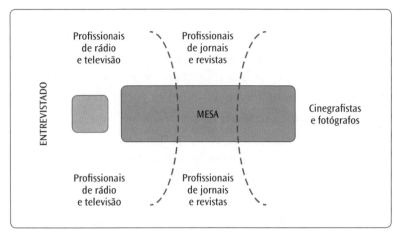

**Figura 9.** Entrevista simples.

*Americana* (Figura 10) é aquela em que o entrevistado é mantido a certa distância dos jornalistas. A entrevista, para tanto, deve ser realizada em um auditório. Em alguns casos, exige-se que as perguntas sejam previamente submetidas à AI, mas essa prática invariavelmente causa problemas de relacionamento com a imprensa. Embora a entrevista americana seja criticada por dis-

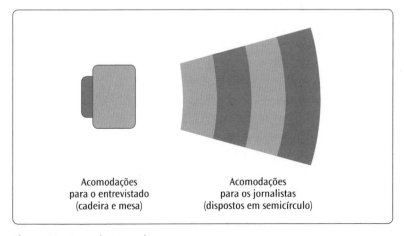

**Figura 10.** Entrevista americana.

tanciar o entrevistado dos jornalistas, dificultando o trabalho dos repórteres de rádio e televisão, é a única forma capaz de atender à demanda criada quando existe um número muito elevado de profissionais presentes à coletiva. Também nesse caso, o entrevistado pode ou não fazer um breve resumo do assunto antes de começar a responder às perguntas dos repórteres.

O assessor deve considerar a preparação de algum tipo de material de apoio para distribuição durante a entrevista coletiva. O próprio *press kit* elaborado para a convocação pode ser oferecido, bem como documentos, relatórios, estatísticas e outros materiais que complementem as declarações do entrevistado.

# *Mailing list* e processo de distribuição 10

A *mailing list* é uma relação, a mais completa e abrangente possível, dos veículos de comunicação que interessam a uma assessoria e aos seus clientes. Os dados contidos na *mailing list* orientam o trabalho diário do jornalista de AI, possibilitando-lhe saber exatamente a quem – dentro de um jornal, emissora de rádio ou televisão ou portal na internet – deve mandar cada tipo de relise e demais produtos. Sem esse direcionamento, a divulgação corre o risco de obter pouco ou nenhum resultado. Também é fundamental que a *mailing list* seja atualizada de forma constante, principalmente porque a rotatividade de profissionais nos veículos de comunicação costuma ser grande.

A listagem mencionada deve trazer informações básicas sobre cada empresa jornalística: nome; endereço; números de telefone e fax; endereços eletrônicos; números de celular de profissionais; nomes de proprietários, diretores, editores, repórteres, chefes de reportagem, pauteiros, setoristas, colunistas. Cada tipo de veículo exige, ainda, o acréscimo de dados específicos. No caso do rádio e da televisão, uma relação completa dos programas, com horários, principais características (assuntos que costuma abordar), nomes de produtores, apresentadores e comentaristas; no caso de jornais e revistas, o rol de editorias, seções e colunas especiais, com os nomes de seus responsáveis.

A *mailing list* deve estar organizada de forma prática, possibilitando que as informações sejam imediatamente identificadas e facilmente consultadas. Há algum tempo esses dados eram armazenados em fichários; hoje a preferência é por seu registro em um banco de dados informatizado.

## O PROCESSO DE DISTRIBUIÇÃO

Com base na *mailing list*, o assessor de imprensa selecionará os veículos e jornalistas que devem receber cada relise, *press kit* ou outros produtos de divulgação (ver Figura 11).

Além de ter o cuidado de enviar os materiais para as pessoas certas, a AI precisa identificar as datas e os horários mais adequados para isso, de acordo não só com o dia de ocorrência do fato divulgado, mas também com as datas de fechamento de cadernos, suplementos, programas de rádio e televisão, sites etc. Os horários

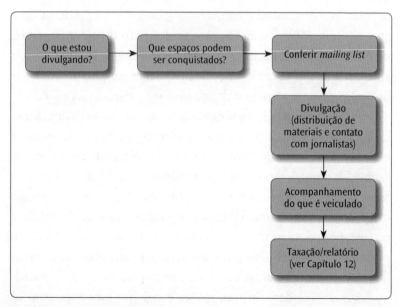

**Figura 11.** Processo de divulgação.

mais indicados para o envio de relises aos diferentes veículos estão relacionados no esquema que segue.

| Jornais | No máximo até as 16h. |
| --- | --- |
| Rádio | No mínimo com duas horas de antecedência no caso de noticiários. Para outros programas, 24 horas antes da transmissão. |
| TV | No máximo até as 15-16h. |
| Internet | No máximo até as 15-16h. |

O assessor precisa considerar, por outro lado, a pauta de cobertura da imprensa no dia de distribuição do relise, para calcular as reais possibilidades de aproveitamento.

Para distribuir o material de divulgação aos veículos, a AI optará, entre os meios disponíveis, pelos mais adequados a cada situação: correio eletrônico, *office boy*, fax ou correio. O mais comum é o primeiro, pela agilidade e facilidade que proporciona. No entanto, seu uso requer alguns cuidados. O primeiro é não deixar que essa facilidade leve à remessa indiscriminada de materiais às redações, pois isso só servirá para lotar a caixa postal dos jornalistas, fazendo que grande parte do material seja excluída. Outro aspecto que requer atenção é a inclusão de anexos, além da formatação do plano de fundo da mensagem: ambas as ações devem ser realizadas com comedimento, evitando quaisquer elementos que, por serem muito pesados, possam sobrecarregar o computador do destinatário, prejudicando o trabalho nas redações e fadando a divulgação ao fracasso.

## A DIVULGAÇÃO DE EVENTOS

Os eventos exigem, por parte da AI, procedimentos mais abrangentes, que incluem a produção de vários relises, *press kits* e outros materiais, além da organização de coletivas. Nesse caso, o processo ideal de divulgação engloba as etapas descritas a seguir.

1. *Um ou dois meses antes do evento*: planejamento das formas de obtenção de espaços nos meios de comunicação, com a preparação, inclusive, da *mailing list* que será utilizada em cada fase do processo.

2. *Primeira quinzena*: envio de relise-padrão aos jornais (locais, estaduais e/ou sucursais, dependendo do porte e da abrangência do evento). Uma semana depois, remessa de relises para as emissoras de rádio e televisão.

3. *Segunda quinzena*: seleção de seções e colunas que possam se interessar pelo evento. Envio de relise dirigido aos responsáveis por esses espaços; com relação a portais especializados, pode ser preparado um material específico para veiculação na internet. Preparação de um *press kit* preliminar para ser usado durante os contatos com produtores de rádio e televisão, com o objetivo de marcar entrevistas com o assessorado. O mesmo material pode ser enviado aos responsáveis pelas equipes de reportagem de jornais, emissoras de rádio e televisão, acompanhando um relise de convocação.

4. *Início da terceira quinzena*: entrevista coletiva dada pelo responsável pelo evento. Envio de relise de cobertura a jornais e revistas que não tenham comparecido à entrevista e contato telefônico com as emissoras de rádio ausentes.

5. *Terceira quinzena*: entrevistas em programas de rádio e televisão. Reforço da divulgação no rádio por meio de relises e, em jornais, de mensagens dirigidas a seções ou colunas específicas.

6. *Terceira ou quarta quinzena*: envio de artigos às editorias de opinião dos jornais e/ou revistas, sem esquecer que cada texto deve ser diferente dos demais.

7. *Quarta quinzena*: elaboração da programação jornalística do evento (coletivas com os principais palestrantes, preparação de sugestões de pauta, minicurrículos e fotografias). Envio de um *press kit* final acompanhado de todos os dados possíveis, incluindo um relise de convocação.

**8.** *Durante o evento*: atendimento à imprensa em espaço próprio, fornecendo subsídios e preparando relises de cobertura.

**9.** *Após o evento*: envio de agradecimentos, por escrito, aos jornalistas que foram contatados em todas as fases do processo de divulgação.

# 11    *Press kit* e outros produtos e serviços

Ao lado do relise, o *press kit* é um dos produtos mais importantes de uma assessoria de imprensa. Segundo Carlos Alberto Rabaça e Gustavo Guimarães Barbosa (1987, p. 475), ele pode ser definido como um "conjunto informativo composto de textos, fotografias e outros materiais destinados à divulgação de fato jornalístico". A AI elabora o *press kit* para facilitar o trabalho dos jornalistas de diferentes veículos de comunicação.

O *press kit* é utilizado principalmente nas entrevistas coletivas ou em eventos, quando os jornalistas de veículos de comunicação precisam receber um maior volume de dados para aumentar seu conhecimento sobre o tema. As informações contidas nesse material, portanto, auxiliarão pauteiros, chefes de reportagem e repórteres a organizar a forma de cobertura, as questões a serem feitas aos entrevistados e outros detalhes, bem como contribuirão para que redatores e editores deem um tratamento mais apurado ao texto que será divulgado.

## ELEMENTOS DE UM *PRESS KIT*

Os elementos do *press kit* distribuído em um evento e daquele oferecido em uma coletiva são basicamente os mesmos, apresentando pequenas variações.

## Eventos

- Relise-padrão com os dados mais relevantes a respeito do acontecimento (data, horários, local, principais participantes);
- relise de convocação para a abertura do evento e/ou para entrevistas coletivas programadas;
- currículos e fotos dos principais palestrantes;
- histórico das edições anteriores do evento e da entidade promotora;
- levantamentos estatísticos sobre os principais temas a serem abordados durante o evento;
- sugestões de pautas que possam ser exploradas;
- no caso de eventos de grande porte, em que aconteçam diversos cursos, palestras e reuniões simultaneamente, e até mesmo exposições comerciais, o *press kit* deve conter a programação detalhada e um mapa para localização de salas, estandes, coordenação do evento e assessoria de imprensa.

## Coletivas

- Relise de convocação para a entrevista;
- currículo e foto do entrevistado;
- histórico da instituição que o entrevistado representa;
- levantamentos estatísticos e dados complementares sobre o tema principal da entrevista;
- sugestões de assuntos a serem abordados durante a entrevista.

O *press kit* também poderá ser utilizado em outras situações, como, por exemplo, no lançamento de um livro. Nesse caso, além da convocação para a sessão de autógrafos, deve conter a biografia do autor, um resumo do livro (e informações sobre os protagonistas, se for uma obra de ficção), a relação de obras já publicadas e outros detalhes que possam ser interessantes. Ou seja: o *press kit*, em qualquer situação, deve ser o mais abrangente possível, fazendo que os jornalistas dos veículos de comunicação tenham acesso a um grande número de dados. Dessa forma, a cobertura jornalística realizada trará um retorno mais efetivo ao assessorado.

A apresentação do material também é importante. Normalmente, o *press kit* é acondicionado em uma pasta, caixa ou envelope, sendo os textos, as fotos e os documentos dispostos de forma lógica, sequencial, que permita fácil consulta e manuseio.

## OUTROS PRODUTOS E SERVIÇOS

Além dos produtos que elabora e serviços que realiza, habitualmente, para divulgar as atividades de seus clientes, a assessoria de imprensa também pode ser responsável por diversas ações complementares.

*Fotografia*: realização da cobertura fotográfica dos principais fatos ligados ao assessorado, seja para o envio à imprensa, publicação em *house organ* ou com outras destinações.

*Áudio e vídeo*: da mesma forma que as fotografias, as gravações em áudio e vídeo feitas pela AI podem ter objetivos variados, que vão da divulgação até a elaboração de arquivos de som e imagem para preservar a história da instituição, além da produção de material institucional ou mesmo de programas de rádio e televisão.

*Programas de rádio e televisão*: é uma prática comum, hoje, a compra de espaços em emissoras de rádio e televisão para a veiculação de programas jornalísticos dirigidos a públicos específicos. A produção e a execução desses programas serão de responsabilidade da assessoria de imprensa.

*Impressos em geral*: juntamente com as áreas de relações públicas e publicidade e propaganda, a AI pode participar da elaboração de materiais impressos diversos, como folhetos, malas-diretas, cartazes, relatórios, catálogos. Nesse caso, deverá ter sempre em mente o público-alvo de tais materiais e adaptar a linguagem textual e visual às suas características.

*Site*: a AI deve participar ativamente na criação e manutenção do site do assessorado, já que esse meio tem se tornado cada vez mais importante para a divulgação de dados relacionados ao cliente. Com informações confiáveis, sempre atualizadas e de fácil acesso, o site constitui uma fonte de referência indispensável para aqueles que querem obter informações sobre uma pessoa, entidade ou organização – inclusive os jornalistas. No site, pode ser disponibilizada, ainda, uma área específica para os jornalistas (as *salas de imprensa* eletrônicas), contando com arquivos de relises, biografias, calendário de eventos de interesse público, conteúdos de *press kits* etc.

# 12 Controle da informação

Durante as atividades de assessoria de imprensa, o fluxo de informações pode ser controlado por meio de dois instrumentos básicos: a taxação e o relatório de atividades, podendo o segundo incluir, em sua constituição, o primeiro. A oportunidade de verificação proporcionada por esses instrumentos é essencial, já que essa averiguação possibilita tanto o acesso do assessorado a materiais noticiosos de seu interesse quanto a prestação de contas relativa aos serviços realizados pela AI.

## TAXAÇÃO

Coletar e arquivar todo o material publicado sobre o assessorado, ou que possa interessá-lo, é a função principal da taxação, também conhecida como clipagem ou *clipping*. Além de manter o cliente informado, constitui-se em uma forma de prestar contas, revelando o resultado do trabalho de divulgação. Os seus principais tipos são, de acordo com a Federação Nacional dos Jornalistas Profissionais – Fenaj (2007, p. 6):

a) *Impressa, eletrônica e em tempo real (on-line)*: compilação de matérias publicadas em diferentes periódicos e sites que digam respeito ao assessorado ou possam atrair o seu interesse.

b) *Súmula*: resumo das principais notícias de interesse do cliente veiculadas em rádio e televisão, incluindo ou não gravações.

c) *Sinopse*: resumo das principais notícias de interesse do cliente publicadas em jornais e revistas, incluindo ou não a transcrição de trechos.

d) *Análise*: interpretação crítica, por parte do assessor, das informações divulgadas, avaliando o teor do que foi dito e procurando revelar intenções e dados omitidos.

A taxação do material proveniente de periódicos deve ser realizada em um formulário apropriado, que contenha o nome do veículo, a data de publicação, a editoria ou seção fixa e o número da página. É de praxe, quando a notícia for proveniente de uma coluna, incluir também a vinheta desse espaço. Sua distribuição ao assessorado pode ser feita de forma eletrônica (envio por e-mail de matérias escaneadas) ou de modo mais tradicional, com o envio de fotocópias.

## Tipos de assunto

Quanto ao interesse do assessorado, existem basicamente três tipos de informações a serem taxadas:

- de interesse direto;
- de interesse indireto;
- de interesse secundário.

Tome-se como exemplo de assessorado uma secretaria de Estado como a da Educação. O interesse direto pelo assunto manifesta-se em todo o material divulgado sobre o órgão ou ligado à sua atividade, ou seja, o ensino. O interesse indireto abrange as informações sobre o partido no qual o secretário milita e que, por extensão, governa aquela unidade da federação.

Colunas que tratem de política em geral e notícias sobre esse assunto enquadram-se na categoria de interesse secundário.

## RELATÓRIO DE ATIVIDADES

O relatório de atividades ou de atendimento, um instrumento para prestação de contas ao cliente, pode ser mensal – quando a assessoria for contínua – ou fornecido ao final de trabalhos eventuais. Consiste em um relato minucioso e organizado das atividades desenvolvidas no período por ele abrangido. Deve, portanto, incluir, entre outros itens, os relises produzidos e a taxação das matérias publicadas em meios impressos ou na internet. Pode conter, ainda, a relação de programas de rádio e televisão em que houve a participação do assessorado. Não se descarta também a colocação, de forma anexa, de cópias dessas entrevistas a veículos de comunicação eletrônicos.

| Conteúdo básico do relatório de atividades | |
|---|---|
| Relatório propriamente dito | Atividades da assessoria, dia a dia. |
| Contatos | Relação dos jornalistas contatados. |
| Material produzido | Relises, fotografias, *press kits, house organs* etc. |
| Taxação<br>• Jornais<br>• Rádio e TV<br>• Internet | Recortes e reproduções.<br>Espaço conquistado.<br>Gravações. |

Ao apresentar, no relatório, a clipagem das matérias sobre o cliente, o assessor também poderá realizar uma breve análise do impacto desse material, indicando, por exemplo, a importância de alguns espaços conquistados. Isso porque, à primeira vista, uma pequena nota publicada em um jornal pode parecer pouco significativa, sensação que será intensificada caso o assessorado espere encontrar longas reportagens a seu respeito. No entanto, se tal nota for divulgada em uma coluna lida por muitos, terá, muitas vezes, devido a esse fato e à influência do colunista sobre a opinião pública, maior valor do que uma página inteira inserta em um espaço de menor repercussão. Cabe ao jornalista da AI, então, fazer as ponderações necessárias para que o cliente avalie o resultado de seu trabalho segundo parâmetros adequados e realistas.

# 13 Produção de *house organs*

Os periódicos, publicações on-line e programas de rádio e televisão produzidos em meio às atividades de AI e voltados a públicos de interesse direto ou indireto do assessorado são identificados pela denominação genérica *house organ*. Literalmente, essa expressão norte-americana significa, em língua portuguesa, "órgão da casa", ou seja, veículo para difusão de informações de determinada instituição. Assim o definem Carlos Alberto Rabaça e Gustavo Guimarães Barbosa (1987, pp. 319-20):

> Veículo impresso ou eletrônico, periódico, de comunicação institucional, dirigido ao público interno (funcionários e seus familiares) e/ou a determinados segmentos do público externo (vendedores, acionistas, clientes, fornecedores, autoridades, imprensa etc.).

Embora, como se pode ver na definição anterior, o *house organ* esteja ainda hoje associado à ideia de jornalismo empresarial, é perfeitamente plausível o enquadramento de publicações de entidades diversas – sindicatos de trabalhadores, partidos políticos, universidades, clubes sociais e organizações não governamentais, por exemplo – nessa classificação. Basta apenas que tenham características notadamente jornalísticas e sejam destinadas a públicos direta ou indiretamente relacionados à instituição.

A produção de *house organs* deve privilegiar critérios jornalísticos, sem desconsiderar, no entanto, a valorização do assessorado. É desaconselhável que o aspecto institucional ultrapasse o informativo; seria como se o assessor de imprensa deixasse de ser jornalista para exercer a função de relações-públicas.

## FUNÇÕES DA MENSAGEM

Qualquer veículo de comunicação objetiva, basicamente, a transmissão de informações. Ao contrário dos meios massivos, entretanto, o *house organ* é produzido com base na própria fonte das notícias a serem divulgadas, ou seja, o assessorado. Possui, portanto, funções específicas:

a) Informar o público sobre o contexto da organização, situando-o no que diz respeito a funcionamento interno, posições defendidas ou criticadas, planos, direitos e deveres etc.
b) Estimular a participação, de forma integrada, dos componentes da organização na consecução de objetivos comuns, encorajando, ainda, o encaminhamento de sugestões e ideias.
c) Incentivar o crescimento do leitor, ouvinte, telespectador ou internauta como cidadão, educando o público quanto a seus direitos e promovendo campanhas de esclarecimento (por exemplo, nas áreas de saúde e prevenção de acidentes).
d) Valorizar os integrantes da organização, mostrando quem são e o que fazem.
e) Registrar fatos importantes para o público: por exemplo, o lançamento de um produto ou mesmo a vitória do time de futebol dos funcionários, em se tratando de uma empresa; uma descoberta científica significativa, no caso de uma instituição de pesquisa; ou o início de uma campanha salarial, no caso de um sindicato de trabalhadores.

f) Fornecer leituras interessantes aos familiares dos integrantes da organização.

## PLANEJAMENTO

### Levantamento de necessidades

O primeiro passo do planejamento de um *house organ* é a realização de um profundo e detalhado estudo sobre a organização e seus integrantes, o que deve ser feito com a utilização de todos os instrumentos disponíveis: pesquisa de opinião, levantamento documental e/ou contatos pessoais. Buscam-se, desse modo, informações factuais sobre: o assessorado e sua imagem perante o público; o perfil e as necessidades dos possíveis leitores, ouvintes ou telespectadores; o modo de operação da organização e suas características mais comuns; as funções de seus integrantes, além de outros dados complementares.

### Linha editorial

A linha editorial, ou seja, o estilo e a postura que caracterizam o veículo (Rabaça e Barbosa, 1987, p. 366), é estabelecida com base no levantamento de necessidades realizado e na política de comunicação definida entre assessoria e assessorado.

### Infraestrutura

No caso de um veículo de comunicação produzido pela AI, a estrutura de funcionamento ideal requer, além dos recursos materiais e humanos básicos, a formação de um conselho editorial constituído por representantes da assessoria e elementos de destaque da organização assessorada. A função desse órgão é fiscalizar a adequação à linha editorial, dando orientações e sugestões e avaliando o trabalho.

A equipe básica para a produção de um *house organ* – impresso, on-line, radiofônico ou televisivo – exerce, em geral, as funções apresentadas a seguir.

## IMPRESSOS E ON-LINE
## Produção editorial

*Pauta*: escolha dos assuntos a serem enfocados e definição da abordagem a ser adotada para cada tema.

*Reportagem e redação*: coleta de dados, por meio de entrevistas e pesquisa, e elaboração dos textos.

*Ilustração*: produção de desenhos e elementos gráficos, para que complementem as informações do texto.

*Fotografia*: captação de imagens de pessoas ou registro visual dos acontecimentos, de modo que o resultado desse trabalho – as fotografias – possa ser usado para dar maior credibilidade às informações escritas, além de torná-las mais impactantes.

*Edição*: seleção das ilustrações, das fotos e dos textos produzidos e distribuição desse material, segundo critérios jornalísticos, no corpo da publicação.

## Produção gráfica

*Diagramação e editoração eletrônica*: desenho das páginas de uma publicação, com a disposição dos textos, títulos, fotografias e outros elementos. No caso de uma publicação on-line, essa etapa envolve o desenho dos conteúdos com o uso de uma ferramenta apropriada a tal finalidade, ou sua transposição para o formato PDF, por exemplo.

*Fotolitagem e impressão*: são etapas válidas apenas para os veículos impressos. O primeiro termo corresponde ao processo no qual as páginas já prontas são fotografadas, a fim de gerar as matrizes para a impressão; o segundo, à reprodução da publicação, na quantidade desejada para a distribuição aos públicos. Com a popularização do processo de impressão digital, que prescinde do uso de fotolito, a etapa da fotolitagem tem se tornado cada vez mais dispensável. Em seu lugar surge o fechamento de arquivos para saída digital.

A forma de execução das diferentes etapas das produções editorial e gráfica dependerá do porte da assessoria de imprensa. Em uma situação ideal, haverá um jornalista para a definição da pauta e realização da edição, ficando a cargo de outros profissionais, integrantes da equipe fixa ou terceirizados, as tarefas relacionadas à reportagem, redação, fotografação, ilustração, diagramação e editoração eletrônica. No entanto, em pequenas assessorias, muitas dessas tarefas – quando não todas – ficarão concentradas nas mãos de uma única pessoa ou de uma equipe reduzida a, por exemplo, um jornalista e um fotógrafo.

A parte final da produção gráfica de veículos impressos – fotolitagem (ou fechamento de arquivos) e impressão –, por sua vez, geralmente fica a cargo de uma empresa contratada. Às vezes, porém, em se tratando de um pequeno e simples boletim informativo, com poucas páginas, impressão em preto e branco e baixa tiragem, também essas etapas poderão ocorrer dentro da própria empresa, com a eliminação da fotolitagem e a reprodução sendo feita em fotocopiadora disponível internamente.

## RADIOFÔNICOS E TELEVISIVOS

### Produção editorial

*Produção e redação*: elaboração do roteiro a ser seguido, com a seleção dos assuntos e a definição dos entrevistados. Redação de notícias.

*Reportagem*: coleta de dados e estruturação do material informativo sonoro ou audiovisual.

*Apresentação*: condução do programa, com a leitura de notícias, a realização de entrevistas, o anúncio de matérias jornalísticas ou a introdução de espaços para entretenimento (ocupados por músicas, por exemplo).

## Produção eletrônica

*Gravação*: registro sonoro ou audiovisual.
*Edição*: seleção e montagem do material sonoro ou audiovisual gravado.

Geralmente, os profissionais que exercem essas funções são subcontratados pela assessoria de imprensa, que, para isso, recorre a empresas especializadas; tais empresas fornecem, ainda, o equipamento para gravações sonoras ou audiovisuais, e às vezes até mesmo o estúdio.

## RECURSOS E CUSTOS

O assessor de imprensa deve prever, no momento do planejamento de um *house organ*, os custos relativos a recursos humanos, materiais e contratação de serviços externos. Quanto a este último item, é importante considerar a necessidade de contato com diversas gráficas – no caso de periódicos impressos – ou estúdios de gravação sonora, produtoras de vídeo e provedores de internet – para a produção de programas de rádio e televisão ou páginas na internet. O assessor deve reunir vários orçamentos e repassá-los ao seu cliente, a fim de oferecer diversas alternativas ao assessorado. Cabe ao responsável pela AI orientá-lo para que sua decisão não leve em conta apenas o menor custo, mas também um serviço de qualidade.

O jornalista de AI também lidará com diferentes possibilidades para o custeio dos *house organs*. Eles poderão ser completamente pagos pelo próprio cliente ou ter o apoio de verbas externas, por meio de patrocínios ou publicidade. Nesse caso, recomenda-se que o assessor desenvolva sua atividade ao lado de um profissional de publicidade, para que este defina possíveis anunciantes ou patrocinadores, tabelas de preços, além de cuidar dos anúncios e de outros detalhes necessários.

## PLANO

Após a definição das características e necessidades do *house organ*, o assessor deve elaborar um plano, para que seja submetido à avaliação do assessorado. Esse documento deve conter, basicamente, os seguintes itens:

a) Definição dos públicos específicos a serem atingidos.
b) Relação de objetivos a serem alcançados com a publicação ou o programa.
c) Planejamento editorial (no caso de *house organ* impresso, página por página) e demonstração das características gerais.
d) Esboço do tratamento gráfico (no caso de veículo impresso).
e) Previsão de recursos humanos e materiais necessários e dos custos envolvidos.
f) Enumeração das responsabilidades de cada uma das partes (assessor e instituição).

O plano de um *house organ* pode seguir, em linhas gerais, o exemplo demonstrado na sequência, elaborado como uma proposta de um prestador de serviços de AI que envolva a criação de um veículo impresso de uma entidade de classe na área da odontologia. O nome utilizado (Associação Brasileira de Prevenção Odontológica) é fictício e criado apenas com a finalidade de exemplificar uma situação correspondente. Pode-se, como anexo, incluir também um esboço do planejamento gráfico da publicação.

## Plano para a elaboração de um *house organ* impresso

### Introdução

Uma das formas de uma entidade fortalecer seu relacionamento com os públicos que pretende atingir – obtendo, assim, resultados mais eficazes em diversas ações por ela realizadas – é a criação de um veículo próprio de comunicação.

O presente documento resulta de um estudo que analisou as necessidades e características da Associação Brasileira de Prevenção Odontológica e visa definir o tipo de publicação mais adequado à entidade.

### 1. *Definição do público-alvo*

O público-alvo do *Jornal da ABPO* será constituído pelos seguintes grupos:

- profissionais ligados à entidade;
- outras entidades que congreguem profissionais do setor de odontologia;
- associações, entidades, sociedades, fundações e órgãos públicos da área de saúde;
- veículos de comunicação do estado, em especial a grande imprensa da capital, e imprensa dirigida à área de saúde em todo o país;
- faculdades e escolas técnicas da área de saúde no estado e no país.

### 2. *Objetivo*

O objetivo do *Jornal da ABPO* será divulgar:

- as posições da entidade quanto a fatos de destaque nas áreas de saúde pública, políticas governamentais, novas tecnologias, entre outras;
- as atividades internas e sociais da ABPO, suas promoções e eventos;
- promoções e eventos de entidades afins, associações, sociedades, fundações e órgãos públicos da área de saúde, faculdades e escolas técnicas do setor;
- assuntos relevantes da área de saúde, em especial a prevenção odontológica;
- informações para a comunidade em geral.

## 3. Projeto editorial

O projeto editorial tem como objetivo criar uma personalidade própria para o *Jornal da ABPO*, identificando-o com o público-alvo. Para isso, foram definidos os seguintes itens:

a) Cada edição do jornal será produzida com base em uma prévia reunião de pauta, com a presença de representantes da entidade e dos jornalistas responsáveis.
b) As pautas deverão atender aos objetivos da publicação, abrangendo assuntos ligados à área da saúde em geral e aos posicionamentos e atividades da ABPO em particular, conforme definido no item "Objetivo".
c) Para a redação das matérias, será utilizada a linguagem jornalística, que evita adjetivações, redundâncias e palavras rebuscadas, sendo clara, concisa e direta. Os termos técnicos serão explicados para facilitar a compreensão por parte do leigo.
d) A periodicidade será mensal.
e) Serão criadas seções fixas, facilitando o acesso do leitor às informações e aumentando seu interesse pela publicação.

A distribuição página a página dos assuntos e colunas será a seguinte:

**Capa** – Terá, além do cabeçalho com o nome do jornal e sua data de publicação, chamadas para seções distintas; uma manchete acompanhada de um pequeno texto com os dados mais relevantes sobre o assunto; e uma fotolegenda, com remissão à segunda matéria em importância na edição.
**Página 2** – Será a página de "Opinião". Nela constarão: o "Editorial", com as opiniões da ABPO, sem assinatura pessoal; o "Expediente", com a relação dos membros da diretoria da entidade, endereço e dados relativos à produção da publicação; um espaço reservado para dois artigos; e uma coluna com o nome de "Imprensa Especializada", trazendo resenhas de opiniões e informações publicadas em outros órgãos de circulação dirigida do setor.
**Página 3** – Dedicada ao tema "Saúde Pública". Nesta página, serão divulgados decisões governamentais, levantamentos de organizações nacionais e internacionais e outros dados relativos ao setor, com destaque para a opinião da ABPO, quando necessário.

**Páginas centrais** – A seção compreendida pelas páginas 4 e 5 será denominada "Saúde Bucal" e vai apresentar uma matéria abrangente, com informações sobre assuntos de destaque na área, destinadas a profissionais e à comunidade científica. Contará, ainda, com uma coluna chamada "Notas", com informações rápidas.

**Páginas 6 e 7** – Trarão reportagens sobre a ABPO e entidades afins, mencionando cursos, seminários, congressos e outras atividades. Na página 7, haverá a agenda de atividades promovidas pela ABPO e outras entidades. Essa seção será denominada "Odonto Hoje".

**Contracapa** – Este setor será chamado de "Equipamentos" e terá reportagens sobre produtos e equipamentos com destaque no mercado. Também contará com a coluna "Lançamentos", com notas curtas sobre os novos equipamentos e produtos odontológicos, inclusive com indicações de preços e locais de venda.

### 4. Projeto gráfico

O *Jornal da ABPO* terá formato tabloide (28,7 × 36 cm), com impressão em papel jornal, colorida na capa e nas páginas centrais. O aspecto visual, sem abdicar de um estilo mais moderno, comum às principais publicações da grande imprensa, contará com elementos gráficos clássicos, fazendo referência, assim, à credibilidade obtida pela Associação Brasileira de Prevenção Odontológica ao longo dos seus 75 anos de existência.

Na hipótese de aceitação deste plano de *house organ*, será elaborada, em um prazo de trinta dias, uma versão detalhada do projeto gráfico para avaliação pela entidade.

### 5. Responsabilidades

A produção do *Jornal da ABPO* acarretará as seguintes responsabilidades:

a) À ABPO:
- ter disponibilidade para, no mínimo, duas reuniões mensais, uma de pauta e outra de avaliação da edição, para a realimentação do processo;
- indicar membros de sua diretoria e de seu quadro social que tenham condições de fornecer informações para a elaboração de matérias sobre a entidade;
- revisar as matérias produzidas, antes do seu encaminhamento à composição;

- respeitar os prazos previamente estabelecidos para a entrega de material aos jornalistas e devolução de matérias revisadas.

b) À assessoria de imprensa:
- ter disponibilidade para, no mínimo, duas reuniões mensais, uma de pauta e outra de avaliação da edição;
- seguir as determinações do projeto editorial e gráfico;
- recolher, por meio de entrevistas e outros recursos, as informações que não puderem ser fornecidas pela ABPO;
- respeitar os prazos previamente estabelecidos para a entrega das matérias à ABPO, ao diagramador e à gráfica;
- acompanhar os processos de diagramação e impressão de cada edição do jornal, para garantir sua qualidade e correta execução;
- contatar diversas gráficas para a obtenção de orçamentos, a fim de que a ABPO opte por uma delas;
- apresentar detalhadamente o projeto gráfico do jornal, bem como explicar de modo integral o presente plano à diretoria da ABPO, para o esclarecimento de quaisquer dúvidas.

**6. Recursos necessários e custos**

Para a produção do *house organ* proposto, a AI utilizará a estrutura já existente e terá necessidade, ainda, de contratar um diagramador, um fotógrafo e um ilustrador em regime de *freelance*. Os valores dos honorários desses profissionais, bem como os custos relativos à impressão, encontram-se anexados a esta proposta.[8]

## CONTEÚDO E LINGUAGEM

Existem três tipos básicos de assunto em um *house organ*: os temas relacionados com a organização, aqueles que envolvem seus integrantes e os que, não se incluindo nos dois outros casos, possam interessar leitores, ouvintes, telespectadores ou internautas.

---

8. O assessor deverá incluir no mínimo três orçamentos, considerando a qualidade do trabalho de cada um dos profissionais ou empresas a serem contratados.

| Tipos básicos de assuntos em *house organs* |
|---|
| Matérias sobre a organização |
| Matérias sobre os integrantes da organização |
| Matérias que indiretamente despertam o interesse do público |

Segundo Francisco Gaudêncio Torquato do Rego (1987, pp. 61-3), as matérias dos *house organs* podem ser classificadas em oito tipos, descritos a seguir.

*Matéria-retrato*: traça um esboço das características físicas e comportamentais dos integrantes da organização. Busca a valorização do indivíduo.

*Departamental*: é a que mostra o funcionamento e a importância de determinados setores da instituição.

*Grupal*: nesse caso, a impossibilidade de dar enfoque a uma única pessoa leva à escolha de um grupo de determinada área para que seja abordado em seu lugar.

*De ilustração*: matéria que desperta um interesse secundário. Por exemplo, reportagens sobre cidades, turismo, medicina.

*Orientadora*: é uma matéria de utilidade pública, tratando de assuntos como segurança, higiene e orientação profissional.

*De entretenimento*: inclui, além da matéria propriamente dita, *features* – ou seja, "notícias, notas, crônicas ou artigos de variedades que normalmente ganham as páginas do segundo caderno dos jornais, tiras de histórias em quadrinhos, colunas de passatempo, conselhos médicos, decoração, receitas culinárias, xadrez, bridge, curiosidades etc." (Rabaça e Barbosa, 1987, p. 259) –, apresentando curiosidades, piadas, quadrinhos, adivinhações ou palavras cruzadas.

*Associativa*: promove as atividades sociocomunitárias, como campeonatos esportivos, aniversários, casamentos etc.

*De interesse feminino*: conta com informações sobre culinária, moda, decoração, conselhos de higiene e limpeza etc.

Quanto à linguagem, é preciso adaptá-la ao tipo de público do veículo. Embora ela sempre siga mantendo características inerentes ao estilo jornalístico, também terá suas peculiaridades: é impossível pretender que um jornal de um sindicato de trabalhadores e outro de uma entidade patronal, por exemplo, possuam o mesmo tipo de linguagem, tratamento de texto, estilo e vocabulário.

## O *HOUSE ORGAN* IMPRESSO

Dependendo do público a ser atingido, das características e objetivos pretendidos e dos recursos financeiros disponíveis, o periódico impresso de uma instituição poderá adotar a forma de boletim, jornal ou revista.

*Boletim*: lida com informações imediatas, que precisam chegar com urgência ao público. Os intervalos entre suas edições são pequenos, precisando contar, por isso, com um sistema rápido e eficaz de distribuição. Possui um número reduzido de páginas, o que leva a pouca variedade temática.

*Jornal*: é um veículo de periodicidade média, entre a do boletim e a da revista. Isso faz que os textos mereçam um tratamento mais apurado do que os do boletim, para não perderem a atualidade e o interesse. O jornal pode abranger os gêneros interpretativo, opinativo e de entretenimento, que dão às matérias um caráter atemporal, embora a informação em si não seja abandonada.

*Revista*: por seu conteúdo principalmente interpretativo e grande número de páginas, a revista, no que concerne à sua circulação, apresenta maior intervalo entre edições subsequentes. Devido a essa característica, ela evita, sempre que possível, as informações urgentes e imediatas, e abriga matérias de interesse permanente. Por outro lado, o elevado número de páginas possibilita a ampliação do universo temático, fazendo que sejam abordados diversos assuntos, de interesse geral, e não apenas aqueles diretamente ligados à instituição.

|  | Periodicidade | Número de páginas |
|---|---|---|
| Boletim | Semanal ou quinzenal | Até quatro páginas |
| Jornal | Mensal | De oito a vinte páginas |
| Revista | Bimestral | Mais de vinte páginas |

## Tiragem

A tiragem é o total de exemplares impressos a cada edição de uma publicação. No caso dos *house organs*, recomenda-se que seja disponibilizado um exemplar para cada integrante do público interno. Se isso não for possível, devido a questões de custo, deve-se, ao menos, respeitar a proporção de um exemplar para cada dois leitores. Ou seja: uma instituição que pretenda atingir, com seu veículo impresso, um público de mil pessoas deverá providenciar uma tiragem de, no mínimo, quinhentos exemplares.

## Textos

Já foi mencionado que a linguagem de um *house organ* deve ser adaptada às características do público, além de obedecer ao estilo jornalístico (claro, conciso, direto, sem rebuscamento). É importante, também, que o veículo impresso siga algumas regras de padronização, para que os textos sejam uniformes e ainda mais claros. Assim, é aconselhável que a AI organize, exclusivamente para o *house organ*, um pequeno manual de redação, indicando de que forma deverão ser grafados números, cargos, siglas, abreviaturas, valores monetários e outros detalhes.

É indispensável, por fim, que os textos do *house organ* respeitem as normas da língua portuguesa e não apresentem erros de digitação. Por isso, cabe ao editor (ou profissional especializado) realizar uma atenta revisão antes de liberar as páginas para a impressão.

## Qualidade gráfica

Além do apuro do texto, o responsável pela AI deve buscar uma apresentação gráfica que seja a mais atrativa possível e, ao mesmo tempo, adapte o aspecto visual às necessidades do público. Assim, é preciso selecionar cuidadosamente a tipologia (famílias das letras) a ser utilizada, os recursos gráficos que o diagramador deve valorizar (fotografias, ilustrações, negativos, retículas, fios, cores), o tipo de papel e o sistema de impressão. O assessor é responsável pelo controle de todas as etapas do processo, devendo garantir a qualidade do produto final.

De modo geral, a escolha do sistema de impressão, do papel e do esquema de utilização das cores pode ser feita com base na tabela a seguir. No entanto, são possíveis, obviamente, inúmeras variações, uma vez que cada organização fará suas opções de acordo com os objetivos a atingir e os recursos disponíveis.

|  | Impressão | Papel | Cores |
|---|---|---|---|
| Boletim | Fotocópia ou ofsete | Ofsete ou jornal | 1×1 ou 2×1 |
| Jornal | Ofsete | Ofsete ou jornal | 1×1 ou 2×1 |
| Revista | Ofsete | Ofsete ou cuchê | Aplicação de 1, 2, 3 ou 4 cores e/ou seleção de cores especiais |

## Distribuição

É essencial, para o sucesso do processo de comunicação estabelecido por intermédio de um *house organ* impresso, que, em conjunto com a área de relações públicas, a AI construa uma boa estratégia para a distribuição dos exemplares ao público. Afinal, de nada adianta produzir um periódico de qualidade que nunca chega a tempo às mãos dos leitores.

A opção por uma forma de distribuição dependerá do porte da organização, do tipo de público e das próprias características e objetivos do veículo. Assim, um jornal que almeje atingir não só os funcionários de uma empresa, mas também seus familiares, deverá, preferencialmente, ser enviado à residência dos trabalhadores, por correio. Já um boletim destinado a divulgar informações de interesse exclusivamente interno pode ser disponibilizado em pontos-chave da organização – por exemplo, nos locais onde os funcionários batem ponto, no refeitório, nas áreas de lazer – ou entregue junto com o contracheque.

## O *HOUSE ORGAN* ON-LINE

É cada vez mais comum que as organizações optem por veículos on-line para a comunicação com seus públicos, devido a seu baixo custo e grande agilidade. Tais veículos podem se apresentar sob diferentes formas, porém, em geral, trata-se de:

a) material produzido especificamente para veiculação eletrônica, em formato HTML, com distribuição por meio de correio eletrônico ou disponibilização em rede (por exemplo, em sites da internet ou da intranet);
b) versão digital de uma publicação impressa (convertida, por exemplo, ao formato PDF), que também poderá ser enviada ao público por e-mail ou disponibilizada na rede.

Um veículo desse tipo tanto pode se constituir no único *house organ* de uma organização quanto coexistir com uma publicação impressa, cada um atingindo segmentos específicos do público ou atendendo a finalidades particulares. Assim, uma empresa pode possuir, por exemplo, uma revista impressa bimestral, para divulgação de reportagens mais aprofundadas e atemporais, e dispor de um jornal ou boletim on-line para divulgação semanal ou até mesmo diária de fatos que requeiram uma disseminação imediata.

| | Periodicidade | Número de páginas |
|---|---|---|
| Publicação on-line | Diária, semanal ou mensal | Não há limitação |

## Textos

Em linhas gerais, podem ser aplicadas à produção dos textos para esse tipo de *house organ* as mesmas normas pertinentes aos veículos impressos. No entanto, não é recomendada a produção de textos longos, os quais, por não serem adequados ao meio, dificilmente são lidos até o final. Valem, aqui, as mesmas recomendações feitas a respeito da redação de relises voltados a sites (ver Capítulo 8).

## Qualidade visual

A exemplo dos veículos impressos, o *house organ* eletrônico deve primar por uma apresentação visual atrativa e adaptada às necessidades do público, empregando adequadamente as cores, as fotografias, a tipologia e outros recursos.

É importante lembrar que esse tipo de periódico possui a vantagem de dispensar os custos de impressão. Portanto, um recurso como o uso de mais de uma cor, cuja necessidade precisa ser muito bem avaliada no caso dos impressos, já que esse uso representa uma elevação do preço final da produção, aqui pode ser ampla e criativamente empregado.

## Distribuição

No caso de publicação on-line distribuída por correio eletrônico, utilizam-se, para proceder à distribuição, listas de endereços, que podem dizer respeito a todo o público da instituição ou a parcelas deste. É necessário avaliar adequadamente a estratégia a ser adotada nessas situações porque, embora a informática esteja fortemente disseminada na sociedade, muitos cidadãos não possuem acesso a computadores em sua residência e, dentro das empresas, torna-se frequente a restrição desse acesso – por exemplo, nem todos os usuários de computadores estão habilitados a abrir arquivos anexos ou com determinados recursos de imagem. Assim, uma indústria que produz um *house organ* para levar certas informações a seus operários deve optar pelo meio impresso para que esse segmento seja atingido, reservando a publicação on-line para a comunicação com outras parcelas do público, como os fornecedores ou a imprensa.

Também é preciso observar que a ampla utilização de recursos visuais recomendada no item anterior não equivale a seu emprego indiscriminado ou abusivo. Deve-se levar em conta, por exemplo, o fato de que o uso de fotografias em alta definição ou em quantidade exagerada causa, por vezes, sobrecarga nos computadores dos destinatários, que podem ser usuários de equipamentos muito simples se comparados com aqueles utilizados pelos produtores do *house organ*.

## *HOUSE ORGANS* RADIOFÔNICO E TELEVISIVO

A utilização de *house organs* radiofônicos e televisivos apresenta um custo mais elevado, em especial no caso de produções audiovisuais. Nas situações em que a falta de recursos não permite uma produção com qualidade no mínimo razoável, é melhor optar por outro tipo de *house organ*, para que a tentativa de divulgação não se torne um motivo para ridicularização.

Existem duas formas básicas de veiculação, tanto para produções sonoras quanto para as audiovisuais. Quando se pretende atingir o público interno, o procedimento mais adequado é a utilização de um circuito fechado de rádio ou televisão. Caso o público visado seja externo, a melhor opção passa a ser a compra de espaços em emissoras comerciais.

A instalação de um circuito interno leva à adoção de uma programação baseada no entretenimento, com alguns espaços informativos. No caso das produções sonoras, durante o horário de trabalho são transmitidas basicamente as chamadas "músicas ambiente", que não distraem os trabalhadores. Em alguns momentos, breves espaços informativos são introduzidos (com, no máximo, cinco minutos). As produções audiovisuais, por sua vez, ficam restritas a horários de intervalo e são adequadas a organizações que disponham de áreas de convivência constante, como refeitórios. Seu conteúdo, em geral, é de entretenimento, associado a matérias sobre os integrantes da organização, destacando aspectos associativos e, com menor intensidade, informações sobre a própria instituição.

Durante o processo de escolha, para a compra de espaços, de uma emissora de rádio ou televisão, deve-se verificar se o público a ser atingido é, efetivamente, ouvinte ou telespectador daquele veículo. Com a aquisição dos espaços, é importante ter em mente que o programa a ser produzido deverá seguir uma estrutura à qual o ouvinte ou telespectador já esteja acostumado. Para que o público seja de fato conquistado, não se devem abandonar as formas jornalísticas consagradas nesses meios, optando por estruturas que se aproximem da publicidade ou da propaganda.

O *house organ* veiculado para o grande público por meio das emissoras de rádio e televisão constitui um programa jornalístico, e não mera comunicação institucional, embora também não deva ignorar esse aspecto.

# Referências bibliográficas

AMARAL, Luiz. *Jornalismo, matéria de primeira página*. 4. ed. Rio de Janeiro: Tempo Brasileiro, 1986, 236 p.

_____. *Técnica de jornal e periódico*. 3. ed. Rio de Janeiro: Tempo Brasileiro, 1982, 262 p.

ANDRÉ, Alberto. *Ética e códigos da comunicação social*. 4. ed. Porto Alegre: Sagra-DC Luzzatto/ARI, 2000, 138 p.

BOND, Fraser. *Introdução ao jornalismo*. 2. ed. Rio de Janeiro: Agir, 1962, 376 p.

BROWN, Michele; BRANDRETH, Gyles. *Como entrevistar e ser entrevistado*. Lisboa: Presença, 1986, 102 p.

BUENO, Wilson da Costa. *Comunicação empresarial: teoria e pesquisa*. São Paulo: Manole, 2003, 372 p.

CAFIERO, Carlo. *O capital: uma leitura popular*. 3. ed. São Paulo: Polis, 1983, 154 p.

CARRELL, Bob; NEWSON, Doug. *Public relations writing: form & style*. Belmont: Wadsworth, 1986, 442 p.

CEGALLA, Domingos Paschoal. *Novíssima gramática da língua portuguesa*. São Paulo: Companhia Editora Nacional, 1985, 556 p.

CHINEM, Rivaldo. *Assessoria de imprensa: como fazer*. 2. ed. São Paulo: Summus, 2003, 190 p.

COSTA, Caio Túlio. *O que é anarquismo*. 5. ed. São Paulo: Brasiliense, 1985, 130 p. (Primeiros Passos, 5).

CUNHA, Albertino Aor da. *Telejornalismo*. São Paulo: Atlas, 1990, 146 p.

DUARTE, Jorge (org.). *Assessoria de imprensa e relacionamento com a mídia: teoria e prática*. São Paulo: Atlas, 2002, 418 p.

EDITORA ABRIL. *Manual de estilo*. Rio de Janeiro: Nova Fronteira, 1990, 98 p.

EID, Marco Antônio de Carvalho. *Entre o poder e a mídia: assessoria de imprensa no governo*. São Paulo: M. Books, 2003, 82 p.

ERBOLATO, Mário. *Jornalismo gráfico: técnicas de produção*. São Paulo: Loyola, 1981, 170 p.

_____. *Técnicas de codificação em jornalismo*. São Paulo: Ática, 1991, 256 p.

EVANGELISTA, Marcos Fernando. *Planejamento de relações públicas*. Rio de Janeiro: Tecnoprint, 1983, 180 p.

FEDERAÇÃO NACIONAL DOS JORNALISTAS PROFISSIONAIS. *Manual de assessoria de comunicação*. 4. ed. Brasília, 2007, 45 p.

FERRARETTO, Luiz Artur. *Rádio – o veículo, a história e a técnica*. 2. ed. Porto Alegre: Sagra-DC Luzzatto, 2001, 378 p.

*FOLHA DE S.PAULO*. *Manual de redação*. São Paulo: Publifolha, 2001, 390 p.

GIANOTTI, Vito. *O que é jornalismo operário*. São Paulo: Brasiliense, 1988, 88 p. (Primeiros Passos, 208).

GRAMMONT, Júlio. "Principais aspectos da imprensa sindical". In: Central Única dos Trabalhadores/Rio Grande do Sul. I Seminário de Política de Comunicação da CUT/RS. Porto Alegre, out. 1990, p. 26-9.

GRUPO RHODIA. *Plano de comunicação social*. São Paulo: Gerência de Comunicação Social, 1986, 55 f.

GURGEL, João Bôsco Serra. *Cronologia da evolução histórica das relações públicas*. 3. ed. Brasília: Linha, 1985, 74 p.

HEDGECOE, John. *Curso de fotografia*. São Paulo: Círculo do Livro, 1980, 210 p.

KUNSCH, Margarida Maria Krohling. *Planejamento de relações públicas na comunicação integrada*. São Paulo: Summus, 1986, 176 p. (Novas Buscas em Comunicação, 17).

LAMPREIA, J. Martins. *O serviço de imprensa nas relações públicas*. Lisboa: Europa-América, s.d., 184 p.

LIMA, Gerson Moreira. *Releasemania*. 2. ed. São Paulo: Summus, 1985, 116 p. (Novas Buscas em Comunicação, 2).

MACIEL, Pedro. *Guia para falar (e aparecer) bem na televisão*. 2. ed. Porto Alegre: Sagra-DC Luzzatto, 1994, 106 p.

_____. *Jornalismo de televisão – normas práticas*. Porto Alegre: Sagra-DC Luzzatto/ARI, 1995, 120 p. (Comunicação Viva).

MAQUIAVEL, Nicolau. *O príncipe*. 10. ed. Rio de Janeiro: Civilização Brasileira, 1985, 162 p.

MARX, Karl. *Manuscritos econômicos filosóficos e outros textos escolhidos*. 5. ed. São Paulo: Nova Cultural, 1991, 278 p. (Os Pensadores, 15).

*Nosso Século*. São Paulo: Abril Cultural, v. 3, 1980-1982.

PALMA, Jaurês Rodrigues. *Jornalismo empresarial*. Porto Alegre: Sagra-DC Luzzatto/ARI, 1994, 236 p. (Comunicação Viva).

PERUZZO, Cicilia Krohling. *Relações públicas no modo de produção capitalista*. 2. ed. São Paulo: Summus, 1986, 144 p. (Novas Buscas em Comunicação, 9).

PINHO, José Benedito. *Jornalismo na internet: planejamento e produção da informação on-line*. São Paulo: Summus, 2003, 290 p. (Novas Buscas em Comunicação, 71).

PINSKY, Jaime; PINSKY, Carla Bassanezi (orgs.). *História da cidadania*. São Paulo: Contexto, 2003, 596 p.

PORCHAT, Maria Elisa. *Manual de radiojornalismo (Jovem Pan)*. São Paulo: Ática, 1991, 268 p.

RABAÇA, Carlos Alberto; BARBOSA, Gustavo Guimarães. *Dicionário de comunicação*. São Paulo: Ática, 1987, 638 p.

RBS TV. *Manual de produção*. Porto Alegre, 1985, 73 p.

REGO, Francisco Gaudêncio Torquato do. *Comunicação empresarial, comunicação institucional*. São Paulo: Summus, 1986, 184 p. (Novas Buscas em Comunicação, 11).

_____. *Jornalismo empresarial*. 2. ed. São Paulo: Summus, 1987, 192 p. (Novas Buscas em Comunicação, 22).

REVILLA, Federico. *Hacerlo bien y hacerlo saber*. Barcelona: Oikos-Tau, 1970, 302 p.

RIBEIRO, Milton. *Planejamento visual gráfico*. Brasília: Linha, 1987, 466 p.

RICHERS, Raimar. *O que é marketing*. São Paulo: Brasiliense, 1983, 110 p. (Primeiros Passos, 27).

RODRIGUES, Bruno. *Manual de redação na web*. São Paulo: Governo do Estado de São Paulo, 2005, 31 f.

SANTOS, Reinaldo. *Vade-mécum da comunicação*. 12. ed. Rio de Janeiro: Destaque, 1998, 324 p.

SANTOS, Volnyr; MOTTA, Adir de Souza. *Português contemporâneo*. 2. ed. Porto Alegre: Sagra, 1982, 376 p.

SECRETARIA DE IMPRENSA E DIVULGAÇÃO DA PRESIDÊNCIA DA REPÚBLICA. *A comunicação social na presidência da República*. Brasília, 1984, 102 p.

SODRÉ, Muniz; FERRARI, Maria Helena. *Técnica de redação*. 3. ed. Rio de Janeiro: Francisco Alves, 1982, 130 p.

_____. *Técnica de reportagem*. 2. ed. São Paulo: Summus, 1986, 144 p. (Novas Buscas em Comunicação, 14).

SODRÉ, Nelson Werneck. *História da imprensa no Brasil*. 2. ed. Rio de Janeiro: Graal, 1977, 588 p.

WEY, Hebe. *O processo de relações públicas*. 2. ed. São Paulo: Summus, 1986, 170 p. (Novas Buscas em Comunicação, 12).

# Glossário

**Assessoria de comunicação social** Serviço especializado que coordena todas as atividades de comunicação entre um cliente e seus públicos, por meio do estabelecimento de uma política específica e da aplicação de estratégias predefinidas, englobando ações nas áreas de jornalismo, relações públicas e publicidade e propaganda.

**Assessoria de imprensa** Serviço da assessoria de comunicação social que realiza a intermediação da comunicação entre uma empresa, entidade ou pessoa física e os meios de comunicação, tendo como matéria-prima a informação e, como processo, sua divulgação na forma de notícia, utilizando técnicas próprias do jornalismo. Assim, entre outras atribuições, informa a imprensa sobre as atividades e opiniões do assessorado, elaborando textos para os veículos de comunicação, organizando entrevistas coletivas, fazendo contatos que visam à participação do cliente em programas de rádio e televisão, ficando à disposição dos jornalistas etc. Além disso, planeja e executa diversas outras ações de comunicação, como a elaboração de periódicos dirigidos e de materiais de divulgação variados.

***Checklist*** Relação completa e detalhada de providências que devem ser tomadas periodicamente para o acompanhamento das atividades do cliente.

**Cliente** Empresas públicas ou privadas, sindicatos patronais ou de trabalhadores, associações de classe, profissionais liberais, instituições culturais e de entretenimento, enfim, representantes de qualquer ramo de atividade que necessitem aprimorar o nível de comunicação com seus públicos interno e/ou externo.

**Clipagem ou *clipping*** Ver Taxação.

**Comunicação** Etimologicamente, significa "tornar comum", "partilhar". Para uma assessoria, a comunicação é o diálogo que uma instituição mantém com seus públicos interno e/ou externo para prestar contas de suas atividades e receber um retorno, que permitirá a reavaliação e o redirecionamento dos seus atos. A comunicação bem conduzida proporciona ao cliente uma imagem de respeitabilidade e confiança perante o seu público.

**Editoração eletrônica** Processo que compreende desde a redação até a configuração da página (unindo textos, fotografias e desenhos), com a utilização de programas específicos de computador.

**Entrevista** Contato pessoal, telefônico ou por escrito entre um repórter de determinado veículo e uma fonte que se dispõe a prestar informações para a elaboração de notícias. A assessoria de imprensa deve desenvolver um trabalho voltado aos meios de comunicação para tornar o cliente uma fonte respeitada e sempre procurada pelos jornalistas.

**Entrevista coletiva** É um encontro geralmente provocado pelo assessor, que convoca todos os veículos de interesse para que busquem informações. O entrevistado recebe orientações do assessor para que possa responder tranquilamente às perguntas dos vários repórteres presentes.

**Estratégias** Táticas elaboradas e aplicadas pelo assessor de imprensa quando do surgimento de uma nova necessidade de comunicação entre o cliente e seus públicos.

**Evento** Qualquer acontecimento que possa fazer que o cliente atraia a atenção da imprensa. Deve, portanto, envolver interesses jornalísticos e sociais, ser bem organizado e divulgado adequadamente. São exemplos de eventos: comemorações, inaugurações, solenidades, seminários, congressos, lançamentos.

**Fonte** É a origem das notícias, ou seja, de onde partem as informações divulgadas por qualquer veículo de comunicação. O cliente pode ser uma fonte, contanto que conceda entrevistas a repórteres, forneça documentos à imprensa, divulgue notas oficiais, e assim por diante.

**House organ** É um veículo impresso ou eletrônico dirigido para públicos definidos (internos e/ou externos), que têm acesso a ele gratuitamente. O cliente pode utilizar o *house organ* para informar públicos específicos a respeito de suas atividades, promover o sentimento comunitário, educar e motivar funcionários, defender posicionamentos etc.

**Imprensa** Conjunto de meios de comunicação – jornais, revistas, emissoras de rádio e televisão, internet. Constitui um público muito importante para qualquer cliente, porque é a grande imprensa a responsável por permitir a transmissão das informações a um maior número de pessoas. Por isso, tanto o cliente como o assessor não devem tratar jornalistas e veículos como meros instrumentos úteis, mas sim com respeito e profissionalismo.

**Impressos** Além de contar com a ajuda da grande imprensa e dos *house organs* para a divulgação de suas informações, o cliente pode utilizar diversos tipos de materiais impressos dirigidos a segmentos específicos do seu público. Exemplos: uma mala-direta para fazer que o mercado potencial conheça um novo produto ou serviço; um folheto institucional para reforçar a imagem da instituição perante os públicos de interesse; um fôlder sobre curso ministrado pelo cliente; um cartaz divulgando uma exposição etc. Esse trabalho deve ser coordenado pela assessoria de comunicação social, que dará identidade textual e visual a todos os materiais produzidos.

**Informação** É a matéria-prima do jornalista. Sempre que o cliente estiver disposto a fornecer uma informação relevante do ponto de vista social e jornalístico, encontrará receptividade por parte dos veículos de comunicação. Retroalimentar-se com informações divulgadas a seu respeito ou de seu interesse também é fundamental para o cliente. Esses dados são fornecidos pela taxação, serviço oferecido pela assessoria de imprensa.

**Institucional** Mensagem que objetiva promover uma imagem favorável referente a determinada marca, empresa, instituição, órgão público ou privado.

**Mailing list** Relação de todas as informações possíveis sobre os veículos de comunicação que interessam a uma assessoria e aos seus clientes. Contém dados como o nome do veículo, endereço, número de telefone ou fax, e-mail, lista de diretores, proprietários, editores, repórteres, chefes de reportagem, pauteiros, setoristas e, eventualmente, datas de aniversário (dos veículos e dos profissionais). No caso de emissoras de rádio e televisão, a relação pode incluir datas, horários, peculiaridades, nome dos produtores e apresentadores de cada programa. No setor destinado aos jornais e revistas, traz as editorias, seções e colunas especiais, com seus respectivos responsáveis. Em relação a portais da internet, indica espaços que podem ser abastecidos com informações e respectivas formas de contato. Para que possa atender o cliente com agilidade, a assessoria deve manter a *mailing list* sempre atualizada.

**Opinião pública** Diante dela, o cliente busca manter uma boa imagem, procurando aceitação, respeito, e tentando ser interessante e atrair atenções. A imagem da organização perante a opinião pública é produto de um conjunto que envolve características da diretoria, recursos humanos da instituição e a atuação do cliente e de sua assessoria de comunicação social.

**Planejamento** Consiste na definição de metas, objetivos, públicos-alvo e políticas para que a instituição administre seus atos de forma mais racional. Para a área da comunicação, é uma etapa fundamental, pois possibilita que o andamento das atividades seja direcionado, reduzindo os riscos de erro e permitindo que os resultados de cada ação sejam acompanhados e avaliados.

**Plano** Documento que, baseado naquilo que foi estabelecido no planejamento, define que tipos de atitude serão adotados para a realização das tarefas rotineiras de assessoria de imprensa.

**Política** Conjunto de normas em que se fundamenta a atividade de comunicação institucional. As políticas são definidas na fase do planejamento e dão origem a planos e estratégias.

**Press kit** Conjunto de textos, fotos, cópias de documentos e outros materiais para a divulgação de determinadas atividades ligadas ao cliente. A assessoria de imprensa elabora o *press kit* como forma de facilitar e complementar o trabalho de repórteres, pauteiros, chefes de reportagem ou editores, sendo distribuído, principalmente, por ocasião de entrevistas coletivas e outros eventos.

**Público** São os indivíduos aos quais se destina determinada mensagem ou o conjunto de pessoas cujos interesses comuns são atingidos pelas ações de uma organização e cujos atos afetam, direta ou indiretamente, os interesses dessa organização. Uma empresa ou entidade possui, em geral, diversos públicos, que podem ser divididos em interno (funcionários e chefias), externo (clientes, consumidores, governo, imprensa, associações de classe) e misto (por exemplo, acionistas).

**Relatório de atividades** Instrumento da assessoria para que preste contas de suas ações ao cliente. Pode ser mensal, no caso da assessoria contínua, ou fornecido após o término de trabalhos eventuais. É um relato minucioso e organizado das atividades desenvolvidas no período e deve incluir, ao final, os relises produzidos e a taxação das matérias publicadas. Poderá conter, ainda, a relação de programas de rádio e televisão em que houve participação do cliente. Cópias em áudio e vídeo dessas participações também podem ser anexadas ao relatório.

**Relise** Termo adaptado do vocábulo *release* (do inglês, significando "soltar, liberar"), que designa o material de divulgação produzido pela assessoria, escrito de forma jornalística, porém sem a pretensão de que seja aproveitado como texto pronto pela imprensa. O objetivo do relise é sugerir o assunto, estimulando a investigação. Não deve ser produzido indiscriminada ou banalmente em nenhuma situação. Para ser valorizado e, por consequência, aproveitado, deve conter uma notícia de real interesse. O relise pode ou não ser utilizado por seus destinatários, e o assessor não deve, em hipótese alguma, pressionar os jornalistas dos veículos de comunicação para que divulguem as informações enviadas.

**Taxação** Coletar e arquivar todo o material publicado sobre a instituição, ou que possa interessar a ela, são atividades que caracterizam a taxação, clipagem ou *clipping*. Além de manter o cliente informado, esse serviço, do ponto de vista da assessoria, é uma forma de prestação de contas, porque mostra o resultado do trabalho de divulgação.

www.gruposummus.com.br

IMPRESSO NA
**sumago** gráfica editorial ltda
rua itauna, 789 vila maria
**02111-031** são paulo sp
tel e fax 11 **2955 5636**
**sumago**@sumago.com.br